Martina Tschirner

Schwarzwurzel, Steckrübe & Pastinake

Großmutters Gemüse neu entdeckt

UMSCHAU : fotografiert von Angela Francisca Endress

Impressum

Die Ratschläge in diesem Buch sind von der Autorin und dem Verlag sorgfältig erwogen und geprüft worden, dennoch kann eine Garantie nicht übernommen werden. Eine Haftung der Autorin und des Verlags für Personen-, Sach- und Vermögensschäden ist ausgeschlossen.

Fotografie:
Angela Francisca Endress, Usingen
Gestaltung und Satz:
juhu media, Bad Vilbel
Reproduktion:
dtf, Berlin
Druck und Bindung:
LEGO, Vicenza
Printed in Italy

ISBN 3-8295-6433-3

Besuchen Sie uns im Internet:
www.umschau-buchverlag.de

Inhalt

Alte und *uralte* Gemüse

Seit Jahrtausenden auf dem Speiseplan

Gemüse in der Antike

Viel Neues in der Neuzeit

Gemüsekarrieren nach 1900

Alte und uralte Gemüse

Seit Jahrtausenden auf dem Speiseplan

Die Hauptrolle hat Gemüse in der Kulturgeschichte des Essens nie gespielt. Jedenfalls nicht so, wie das für eine gesunde Ernährung heutzutage selbstverständlich ist. Oder für Vegetarier, die sich aus eigener Überzeugung zu einer fleischlosen Lebensweise entschlossen haben. Trotzdem treten zumindest Zwiebeln und Möhren schon seit etwa 5000 Jahren in Nebenrollen auf. Nur wenig kürzer sind Porree und Sellerie mit von der Partie.

Diese und auch andere Gemüsesorten waren dabei fast immer Beilage zu Getreidebrei oder Brot, meist als Suppe zubereitet. Denn rohes Gemüse zu essen, davor warnten die medizinischen Gelehrten noch bis ins Mittelalter. Gut und lange durchgekocht sollte es sein, am besten zu Mus, oder »gemust«. So entstand der Begriff Gemüse.

Von den Sumerern heißt es, dass sie als erste Zwiebeln genutzt haben. Zum Beispiel als Verpflegung ihrer Arbeitskräfte, als die monatelang Bewässerungskanäle im fruchtbaren Gebiet zwischen Euphrat und Tigris anlegten. Hauptsächlich Getreide, weniger Gemüse sollte dort später gedeihen. Da die Sumerer bereits Brot backen konnten, gab es das mit Zwiebeln und Datteln in der Mittagspause, dazu Wasser und Bier.

Beim Bau der Cheopspyramide vor mehr als 4500 Jahren spielten Zwiebeln die gleiche wichtige Rolle. Auch die ägyptischen Arbeiter und Sklaven wurden während dieses Mammutprojekts mit Zwiebeln, Brot und Bier versorgt. Das Lauchgewächs war im Land der Pharaonen bereits weit verbreitet. Ägyptische Priester durften allerdings keine Zwiebeln genießen. Die Säfte der Knolle hatten den Ruf, Blut und Leidenschaft in Wallung zu bringen. Bei den Pharaonen machte sich darum niemand Sorgen. Ihnen wurden sogar Zwiebeln ins Grab gelegt. Dazu kamen noch weitere Gemüsesorten: Porree, Spargel und Sellerie, die damals auch schon am Nil bekannt waren.

Ein ganz anderes Klima als in Ägypten herrschte dort, wo die ersten Möhren angebaut wurden. Im viel kühleren Mitteleuropa soll das gewesen sein. Und zwar bereits in der Jungstein-

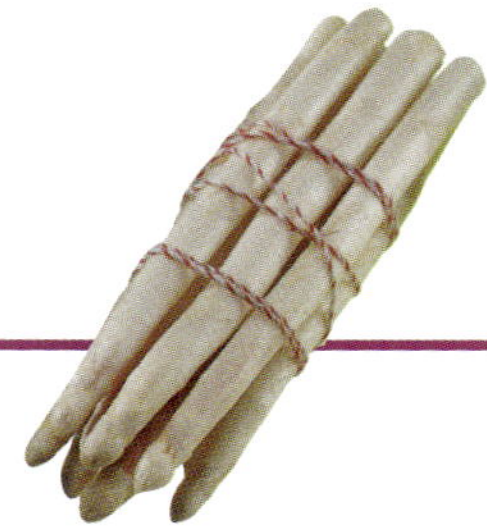

zeit, die bis etwa 1750 vor Christi dauerte. Den Beweis dafür fanden Archäologen bei historischen Schweizer Pfahlbauten: Möhrensamen. In dieser Zeit betrieben sesshafte Mitteleuropäer schon Ackerbau.

Gemüse in der Antike

Den Griechen und Römern waren bereits mehr Gemüsesorten bekannt. Es gab auch Bohnen, Mangold, Petersilienwurzeln und -blätter sowie Kohl. Aber ebenso Möhren, Zwiebeln, Porree, Sellerie und Spargel landeten in ihren Kochtöpfen. Berühmte Liebhaber der damals nur grünen Edelstangen sollen der griechische Philosoph Platon und gut 400 Jahre später der römische Kaiser Augustus gewesen sein. Nero dagegen schwärmte für Porree oder »porrum«, wie es lateinisch heißt.

Während die einfache Bevölkerung ihr gekochtes Grünzeug zu Brot und Mehlbrei aß, war Gemüse bei den Reichen Beilage zu Fleisch, Geflügel und Fisch. Ihre Mahlzeiten bereiteten sie selbstverständlich nicht selbst zu. Angestellte, freie Köche waren im hellenischen Reich dafür verantwortlich, Sklaven im römischen. Der Kochberuf entwickelte sich dort erst später. In beiden Kulturen waren Köche hoch angesehen, sogar die versklavten genossen viele Vorteile gegenüber anderen Leibeigenen. Man gab sich Rezepte untereinander weiter, veröffentlichte sie sogar. In Rom war es Usus, dass neue Gerichte den Namen ihres Erfinders erhielten.

In der Stadt am Tiber entstand auch das erste Kochbuch Europas mit dem Titel »Apicius«. Es enthält nicht nur Rezepte, sonder gilt zudem als Schatztruhe an Informationen über Essgewohnheiten im alten Rom. Natürlich tauchen auch Gemüse darin auf, wie gehabt als Beilage und zum Würzen. Mit Lauch geschmortes Huhn beispielsweise oder mit Schalotten gekochte Bohnen. Auch »Liquamen«, die Universalwürze der Römer kommt darin ausgiebig zum Einsatz. Dabei handelte es sich um eine salzige Sauce aus vergorenem Fisch, ähnlich der uns bekannten thailändischen Fischsauce. Im Apicius wird sie auch zum Würzen von Selleriespeisen verwendet, die in Rom zu jedem Leichenschmaus gereicht wurden.

Auch im Mittelalter Gemustes

Durch die Militärstationen der Römer waren neue Gemüsesorten auch in nördlicheren Regionen bekannt geworden. Nicht nur Kelten und Germanen hatten sich inzwischen mit der scharfen Wurzel »radix« und »cepa«, der Zwiebel, angefreundet. Sogar die Wikinger pflanzten in ihrer skandinavischen Heimat Gemüse an, was wegen der kurzen Sommer und der langen Winter gar nicht einfach war. Sie schafften es trotzdem, dass in ihren Gärten Kohl, Zwiebeln, Erbsen und Bohnen, Lauch, Rüben und Petersilie gediehen. Ihre Hauptnahrung war und blieb aber Getreidebrei, trotz der Gemüsevielfalt. Das gab es, wie seit Urzeiten, zerkocht dazu.

Noch bunter als die Gärten der Wikinger waren die Klostergärten. Bei den Mönchen gediehen inzwischen auch Rettich und

Pastinaken, Schalotten und Knoblauch, natürlich neben den bereits bekannten Sorten. Davon wurde so manches Gemüse medizinisch genutzt. Zwiebeln und Porree halfen bei Erkältungen, Petersilie bei Nieren- und Blasenentzündungen. Ebenso Meerrettich, der erstmals um 1000 nach Christi in den Klostergärten Mitteleuropas auftauchte, half beim Kurieren.

Eine Rübenart, die erst ein halbes Millennium später in ganz Europa berühmt werden sollte, wurde bereits im 13. Jahrhundert südlich von Berlin angebaut. Dort fanden sich niederlassende Bauern den sandigen Boden einfach ideal. Und bereiteten so von ganz langer Hand die Karriere der Teltower Rübchen vor. Zur Grundnahrung in Deutschland gehörten in der Zwischenzeit auch Pastinaken.

Viel Neues in der Neuzeit

Mit dem Ende des Mittelalters tauchten in Europa bis dahin völlig unbekannte Gemüsesorten auf. Die Entdeckung eines neuen Kontinents machte das möglich. Um 1560 soll es gewesen sein, dass spanische Seefahrer die ersten Kartoffeln mitbrachten. Kultiviert wurden sie zunächst nicht für den leiblichen Genuss sondern als Zierde für den Garten. Schließlich handelte es sich um ein Nachtschattengewächs, das bekanntlich giftig war. Sie als Nahrungsmittel einzuführen, den Mut hatten als erste die Engländer. Auch Tomaten wurden bei ihrer Ankunft in der alten Welt misstrauisch beäugt. Schnelleren Erfolg hatte Topinambur, als er im 17. Jahrhundert in Frankreich auftauchte. Die Delikatesse verbreitete sich in Europa, bis ihr die Kartoffel wegen größerer Erträge den Rang ablief. Deren großer Durchbruch kam, als Preußenkönig Friedrich der Große den Wert der Pflanze erkannte: Kartoffeln machen lang anhaltend satt.

Mit Beginn der Neuzeit änderten sich langsam die Zubereitungsarten für Gemüse. Zwei Revolutionen kamen aus Italien: Dort hatten berühmte Köche begonnen, die Vitaminspender im Ganzen zu garen und sie nicht mehr wie im Mittelalter bis zur Unkenntlichkeit zu zerhacken und zu zermalmen. Sie kochten außerdem mit Deckel, damit beim Garen nichts austrocknete. Und plötzlich war es in Adelskreisen und bei Hof chic, Zutaten ihren Eigengeschmack zu lassen. Durch die Heirat von Katharina von Medici mit dem französischen Prinzen Henri II. hielten diese modernen Methoden auch in Frankreichs königlichen Küchen Einzug. Die arme Bevölkerung bekam davon aber noch lange nichts mit. Sie löffelte ihr Gemüse weiter in Suppen und Brei. Spezielle Rezepte existierten in der Regel nicht. Mit einer Ausnahme, der berühmten »Rumford-Suppe«. Der wohlhabende Graf Rumford erfand sie 1784 in Bayern zur Ernährung von Soldaten und Armen. Das Rezept geht so: Gerstengraupen mit viel Wasser kochen, Erbsen dazu und zwei weitere Stunden kochen, und zu guter Letzt noch

eine Stunde mit Kartoffeln. Würzen mit Essig und Salz, zum Schluss Brotscheiben hineingeben.

Gemüsekarrieren nach 1900

Die große Hungersnot im ersten Weltkrieg brachte ein Gemüse in ganz Deutschland in jeden Haushalt: die Kohl- oder Steckrübe. Weil die Kartoffelernte im Herbst 1916 so schlecht ausgefallen war und es auch keine Getreidevorräte mehr gab, wurde sie Grundnahrungsmittel. Begeistert war die Bevölkerung darüber keineswegs, schließlich galten Kohlrüben als Viehfutter. Auch eine Namensänderung von »oben« in »ostpreußische Ananas« machte die Rübe nicht interessanter. Schmackhaft oder eben nicht, Brot, Kriegsmarmelade, Suppe, Aufläufe, Makronen, Sauerkraut und noch viel mehr wurde trotzdem aus Kohlrüben zubereitet. Dass sie eine ganze Generation noch Jahrzehnte später regelrecht hasste, verwundert nicht. Doch dank ihres angenehm süßlichen Geschmacks und neuen Zubereitungsarten hat sie heute ein Comeback geschafft.

Auch im »Dritten Reich« sollte hauptsächlich Gemüse das Volk satt machen, schon vor dem zweiten Weltkrieg. »Eintopf-Sonntage« verordnete die Nazi-Regierung im September 1933 der Bevölkerung. Mit viel Gemüse und wenig Fleisch. Rezepte gab es in den Tageszeitungen, zum Beispiel für Kartoffelsuppe, Eintopf mit Möhren, mit Porree, mit Sellerie, mit Sauerkraut, mit Kohlrabi ... und selbstverständlich auch mit Kohlrüben. Während des Krieges wurden dann auch diese Zutaten immer knapper. In eine dünne »Kriegsallerleisuppe« kamen 1944 auf zwei Liter Wasser nur noch drei Kartoffeln, eine Stange Porree, eine Möhre und Blätter vom Rettich und Blumenkohl.

Zum Glück war in den 50er Jahren langsam Schluss mit den vielen Entbehrungen. Ein Motto des Wirtschaftswunders hieß »Fleisch und Kartoffeln satt«, Gemüse wechselte wieder ins Nebenrollenfach. Und das sollte auch noch eine Weile so bleiben. Bis in den 80er Jahren ein Umdenken begann. Zum einen wurde der Anteil an Vegetariern größer, die sich von Gemüse, Obst und Getreideprodukten ernähren. Zum anderen gab es medizinische Untersuchungen, die Ernährungsformen in verschiedenen Ländern verglichen. Mit dem Ergebnis, dass unter anderem viel Gemüse auch viel gesünder macht. So wie es in den Mittelmeerländern, vor allem auf Kreta, der Fall ist.

»Fünf am Tag«, und zwar Portionen an Gemüse und Obst, lautet deshalb heute die Empfehlung der Deutschen Gesellschaft für Ernährung. Und damit wir nicht aus den Nähten platzen, sollte es insgesamt auch mehr Gemüse als Brot, Nudeln und Co. sein. Jahrelang wurde uns empfohlen, von den stärkehaltigen Kohlehydraten am meisten zu essen. Nicht nur in Deutschland, sondern in allen Industrieländern sind die Menschen auch aus diesem Grund dick und dicker geworden. Die neuesten medizinischen Empfehlungen setzen nun Gemüse zusammen mit Obst an den Platz Eins. Nach 5000 Jahren in der Nebenrolle haben es die Vitaminspender endlich geschafft, die Hauptrolle in der Ernährung zu spielen!

Pastinaken, Steckrüben, Topinambur und andere fast vergessene Gemüsesorten

Freundlich zum Magen: Pastinake und Petersilienwurzel

Die Kugelrunden: Steckrübe und Sellerie

Stärkehaltige Knollen: Topinambur und Kartoffel

Rote Rüben: Rote Bete und Möhren

Knackige Rüben: Radieschen, Rüben und Rettich

Lang und dünn: Schwarzwurzel und Meerrettich

Feine Sprossen: Spargel und Chicorée

Mit kräftigen Blättern: Mangold und Wirsing

Die Scharfen: Zwiebeln, Schalotten, Porree

Freundlich zum Magen

Pastinake

Saison

Ab September werden die ersten Pastinaken angeboten, Hauptsaison ist November bis April.

Tipps zum Einkauf

Obwohl Pastinaken leicht einen Durchmesser um die 8 cm haben, sollten Sie besser kleine und harte Exemplare wählen. Sehr große Wurzeln können holzig sein.

Aufbewahrung

Pastinaken sind nur bedingt lagerfähig, denn sie trocknen aus. Aufbewahrt an einem kühlen und trockenen Ort halten sie sich trotzdem einige Wochen. Noch besser ist allerdings, sie bis zur Verwendung unter der Erde zu lassen. Frost schadet ihnen nicht, lässt sie dafür aber süßer werden.

Hammel- oder Hirschmöhre wird das bei uns fast vergessene süßliche Gemüse auch genannt. Fast scheint das der bessere Name, denn bei Schafen und Haarwild war es lange Zeit beliebter als bei Genießern. Die den Petersilienwurzeln sehr ähnlichen Rüben gehörten bis ins 18. Jahrhundert in Deutschland schlicht zur Grundnahrung. Möhren und Kartoffeln vertrieben sie dann von den Speiseplänen. Erst in späteren Kriegszeiten kam die Pastinake gezwungenermaßen wieder in deutsche Kochtöpfe. Das sieht in England und den USA ganz anders aus. Die cremefarbenen Wurzeln (parsnips) gelten dort als Delikatesse, eignen sich aber auch als Schonkost und zur Babynahrung.

Wie Möhren und Petersilienwurzeln stammt die Pastinake aus der Familie der Doldenblütler. Sie ist reich an Mineralstoffen, Stärke und Vitaminen, vor allem der B-Gruppe, Vitamin C und Folsäure.

Vor der Zubereitung werden Pastinaken genau wie Möhren dünn geschält und dann gewaschen. Sie schmecken in der Pfanne gebraten oder auch aus dem Ofen, zum Beispiel gebacken mit anderen Gemüsesorten. Sehr gut eignen sich Pastinaken zum Pürieren, entweder als Beilage oder in einer cremigen Suppe. In Stifte geschnittene und mit Zwiebeln und Knoblauch gedünstete Pastinaken passen zu Nudeln und Reis.

Geraspelt lassen sich die rohen Wurzeln als Salat zubereiten.

Petersilienwurzel

Aus dem südlichen Mittelmeerraum stammt die Pflanze mit der länglichen, hellen Wurzel. Dort wächst sie auch heute noch wild. Von den Griechen und Römern gelangte sie nach Mitteleuropa. Ihr damaliger Name: Steinsellerie. Mit ihrem würzigen, leicht herben Geschmack eignet sich die Wurzel als Grundlage für feine Suppen. Oft ist es neben Möhre, Lauch und Sellerie im typischen Suppengrün enthalten. Von Form und Farbe her sind Petersilienwurzeln leicht mit kleinen Pastinaken zu verwechseln, allerdings duften sie weniger süßlich.

Nennenswerte Vitamine in der Petersilienwurzel sind C, B, E sowie das Provitamin A. Außerdem enthält sie Kalium, Calcium, Phosphor, Magnesium und Eisen. Dass die Wurzel auch erotisierende Kräfte habe, wurde ihr im Mittelalter nachgesagt.

Um Petersilienwurzeln zu genießen, müssen sie gegart werden. Mit einem Sparschäler zuerst die Schale entfernen, die Wurzeln dann waschen und im Ganzen oder klein geschnitten kochen. Sie sind in etwa 5 – 8 Minuten gar. Gut schmecken Petersilienwurzeln, wenn sie mit Honig glasiert und dann mit Weißweinessig gewürzt werden. Wie Pastinaken eignen sie sich auch für feine Pürees und Cremesuppen. Und natürlich sind sie eine ideale Würze für Brühen, Suppe und Fonds. Wem Sellerie als Suppengemüse zu dominant ist, sollte Petersilienwurzel probieren.

Saison

Haupterntezeit von Petersilienwurzeln sind die Monate Oktober bis Dezember. Im Handel sind sie etwa bis Februar.

Tipps zum Einkauf

Hände weg von schrumpligen, weichen Wurzeln! Sie sollten fest und ohne Risse sein. Einen guten Frischehinweis liefen auch die Blättchen an der Wurzel.

Aufbewahrung

Petersilienwurzeln lassen sich gut lagern. Eingebettet in Sand halten sie sich an einem kühlen und trockenen Ort mehrere Wochen. Allerdings dürfen sie keinen Frost bekommen.

Kohlrübe/Steckrübe

Saison

Aus heimischer Ernte gibt es Kohlrüben von September bis April.

Tipps zum Einkauf

Kleineren Kohlrüben den Vorzug geben, größere können holzig sein. Die Schale sollte glatt und prall sein und keine Wurmeinstiche haben.

Aufbewahrung

Im Gemüsefach des Kühlschranks oder im kühlen Keller halten sich Kohlrüben bis zu zehn Tage frisch.

Kohlrübe oder Steckrübe? Dies sind jedenfalls die zwei gebräuchlichsten Namen für die alte Kulturpflanze. Wo genau sie herkommt ist nicht bekannt. Wissenschaftler vermuten, dass sie aus einer Kreuzung von Kohlrabi und Rübe entstanden ist. Durch die jüngere Geschichte hat die Kohlrübe an Beliebtheit verloren. Älteren Generationen ist sie seit den Kriegsjahren zum Teil sogar verhasst. Das kohlehydrathaltige Gemüse wurde in schlechten Zeiten für fast alles verwendet.

Zeit für eine Renaissance der Kohlrübe. Denn richtig zubereitet hat sie einen angenehm süßlichen Geschmack, der an Möhren erinnert. Bis zu zwei Kilogramm können die meist kugelrunden Wurzeln wiegen. Das Fleisch unter der rauen, gelb bis rötlichbraunen Schale ist weiß oder gelb. Beim Händler gibt es jedoch nur die gelbfleischigen, weißfleischige Rüben werden zu Viehfutter verarbeitet. Weitere Namen der Kohlrübe sind Schmalz-, Erd- und Bodenrübe, Wruke, Dorsche und Dotsche.

Viel Trauben- und Fruchtzucker enthalten Kohlrüben. Weitere wichtige Inhaltstoffe sind Kalium sowie die Vitamine C, E, B 6 und Niacin.

Die dickfleischige Kohl- oder Steckrübe muss vor der Zubereitung geschält und gewaschen werden. Dann je nach Verwendung in Scheiben oder Stifte schneiden, würfeln oder als Kugeln ausstechen. Die Garzeit beträgt 10 bis 20 Minuten, damit das Gemüse noch Biss hat. Der unbeliebte kohlige Geschmack entsteht durch eine zu lange Garzeit. Für einen Rohkostsalat die Wurzelknolle reiben.

Kohlrüben schmecken als Beilage, auch in Kombination mit Kartoffeln, Karotten oder anderem deftigen Gemüse. Sie lassen sich als Püree, in Suppen und Eintöpfen zubereiten, beispielsweise mit Lamm, Kalb oder auch Gans. Kräuter, die zu Kohlrüben passen, sind Petersilie, Schnittlauch und Kerbel, etwas ungewohnter sind Dill und Koriander. Harmonierende Gewürze sind Pfeffer und Kümmel, oder exotischer Curry, Kreuzkümmel und Safran.

Sellerie

Die würzige Knolle stammt aus dem warmen Mittelmeerraum. Dort sowie an anderen Küsten Europas wächst sie auch heute noch hier und dort wild. Sellerie gedeiht überall, wo der Boden salzhaltig und feucht ist. Zum einen ist Sellerie ein beliebtes Wintergemüse, zum anderen geben die mehr als faustgroßen Knollen den meisten Suppen ihr Aroma. Und das sowohl in frischem als auch in getrocknetem Zustand. Der Grund dafür ist ein hoher Gehalt an ätherischen Ölen. Außerdem enthält Knollensellerie Kalium, Calcium, Vitamin E und B6 sowie Folsäure. Sellerie wirkt entwässernd, blutreinigend und mildert Husten.

Vor ihrer Zubereitung muss die Sellerieknolle großzügig geschält werden. Mit einem Sparschäler ist das kaum zu schaffen, besser geht's mit einem scharfen Messer. Erst den Blatt- und Wurzelansatz abschneiden und dann den Rest, etwa einen halben Zentimeter dick. Wie klein die geschälte Knolle geschnitten wird, hängt von der Zubereitung ab: in dicke Scheiben, um sie zu kochen und danach zu braten. In Würfel, um Püree oder eine Suppe zuzubereiten. In Stifte für eine Suppeneinlage oder für asiatische Gerichte. Hier gilt, je kleiner, umso aromatischer. Und umso kürzer die Garzeit. Eine Sellerieknolle im Ganzen ist erst nach etwa 50 Minuten gar, Scheiben bereits nach 15 Minuten. Etwas Zitronensaft oder Essig im Kochwasser verhindert das Braunwerden mancher Sorten. Auch als Gemüsebeilage lässt sich Sellerie zubereiten, gekocht und mit viel Petersilie. Salate schmecken aus gekochtem und rohem Sellerie, dann jedoch geraspelt.

Saison

Knollensellerie gibt es das ganze Jahr über zu kaufen. Noch nicht ganz ausgereifte, im Geschmack mildere Knollen sind schon im Frühjahr erhältlich. Haupterntezeit ist von September bis Dezember.

Tipps zum Einkauf

Lieber kleine als große Sellerieknollen auswählen und auf eine glatte Oberfläche achten. Fühlen sie sich fest an, sind sie innen nicht hohl oder gar pelzig.

Aufbewahrung

Sellerie bleibt im Gemüsefach des Kühlschranks etwa zwei Wochen frisch, am besten in feuchtes Papier oder Küchentuch eingeschlagen.

Topinambur

Saison

Topinamburknollen gibt es von Oktober bis April, sie überwintern im Boden.

Tipps zum Einkauf

Im Supermarkt suchen Sie das Gemüse vergeblich, also auf in den Bioladen. Die Haut der Knollen sollte glatt und nicht schrumplig sein. Wählen Sie Topinamburs mit heller Schale, sie sind feiner im Geschmack und verfärben beim Schneiden nicht so schnell.

Aufbewahrung

In Sand eingegraben halten sie sich bis zu zwei Monate. Ansonsten die Knollen nicht länger als fünf Tage im Kühlschrank aufbewahren, am besten eingeschlagen in ein feuchtes Tuch.

Aus der »Neuen Welt« stammt diese Knolle und war einst wichtiges Nahrungsmittel der Indianer. Topinambur hieß deshalb auch Indianerkartoffel. Andere Namen sind Erdschocke, -birne und Jerusalem-Artischocke.

Das Gemüse ist in heute fast in Vergessenheit geraten, kommt aber langsam im ökologischen Landbau wieder zu neuen Ehren. Zu Recht, denn die braunen Knollen der Sonnenblumen-Verwandten sind sehr wohlschmeckend, sie erinnern an Artischocke und Schwarzwurzel.

Im Topinambur enthaltene Mineralstoffe sind Eisen, Kalium und Phosphor, wichtige Vitamine B1, B2, B6, Niacin und Folsäure. Lange hieß es, dass Topinambur für Diabetiker besonders geeignet ist. Das in ihm enthaltene Kohlehydrat Inulin schien sich günstig auf erhöhte Blutzuckerwerte auszuwirken. In der jüngeren Naturheilpraxis werden diese Wirkungen jedoch angezweifelt.

Im Prinzip lassen sich Topinamburs nach fast allen Kartoffelrezepten zubereiten. Zuvor sollten sie dünn geschält oder zumindest geschrubbt werden. Das kann auch erst nach dem Kochen passieren, allerdings werden die Schalen dann dicker und es gehen Vitamine verloren. Die geschälte rohe Knolle vor der Zubereitung am besten in kaltes Wasser mit etwas Zitronensaft legen, weil das Gemüse schnell grau wird. Topinamburs schmecken gekocht, püriert, gebraten, frittiert, im Soufflé und als Gratin. Eine ganze Knolle ist nach etwa 20 Minuten gar, kleine Würfel nach 10 Minuten. Für Salate kann Topinambur sowohl gekocht als auch roh verwendet werden. Dann jedoch erst die Salatsauce zubereiten und die Knolle hineinraspeln.

Kartoffel

Die Urheimat der Kartoffel sind die südamerikanischen Anden. Bei uns ist sie erst Grundnahrungsmittel, seit Friedrich der Große sie seinen preußischen Untertanen schlichtweg aufzwang. Aufgrund ihres hohen Gehalts an Kohlehydraten und Ballaststoffen sind Kartoffeln sehr nahrhaft. Sie enthalten hochwertiges Eiweiß, Kalium und Magnesium, sowie C- und B-Vitamine. Weitgehend erhalten bleiben die Inhaltsstoffe, wenn sie in der Schale gekocht werden. Doch nicht jede Kartoffelsorte eignet sich für jedes Gericht. Bratkartoffeln gelingen mit fest kochenden Sorten, ein lockeres Püree mit mehlig kochenden. Kartoffeln sollten Sie vor der Zubereitung immer auf grüne Stellen und Keimansätze untersuchen. Sie können giftiges Solanin enthalten, also unbedingt wegschneiden. Ansonsten die Kartoffeln in kaltem Wasser abbürsten oder dünn schälen und dann schnell weiterverarbeiten. Wenn geschälte oder bereits zerkleinerte Kartoffeln über längere Zeit liegen, verfärben sie sich und das enthaltene Vitamin C wird zerstört. Gekocht sind sie in etwa 20 Minuten gar, ganze Kartoffeln in der Schale benötigen je nach Größe mindestens 25 Minuten. Roh sind Kartoffeln schwer verdaulich.

Die tollen Knollen schmecken gekocht als Salz-, Pell- und Brühkartoffeln, als Püree, Knödel, in der Folie gebacken, aus der Pfanne als Bratkartoffeln, Puffer und Rösti. Sie binden Saucen und Suppen und machen Eintöpfe komplett. Hunderte von Rezepten gibt es für Kartoffelsalate. Gratins aus dünnen Kartoffelscheiben sind feinste Beilagen. Als Pommes frites haben die Knollen in Frankreich und Belgien Karriere gemacht.

Saison

Kartoffeln gibt es das ganze Jahr über, Frühkartoffeln von Juni bis August, mittlere Sorten bis September, späte ab Oktober.

Tipps zum Einkauf

Auf unverletzte Schalen achten und darauf, dass die Kartoffeln keine grünen oder faulen Stellen und Keimansätze haben.

Aufbewahrung

Eine Temperatur um 5 °C mögen Kartoffeln am liebsten, die Umgebung sollte dunkel und luftig sein. Das heißt, nie in der Plastiktüte aufbewahren! Frühe und mittlere Sorten halten sich so bis zu zwei Wochen. Nur Spätkartoffeln eignen sich zum Einlagern.

Rote Bete

Saison
Zwar ist die Haupterntezeit für Rote Bete im Oktober, trotzdem sind sie bis zum Frühjahr im Handel.

Tipps zum Einkauf
Prall und ohne Schadstellen sollen Rote Bete-Knollen sein. Exemplare mit schwarzen Flecken wurden zu kühl gelagert. Übrigens haben Rote Bete aus biologischem Anbau weniger Nitrat gespeichert.

Aufbewahrung
Rote Bete halten sich im Gemüsefach des Kühlschranks bis zu einer Woche. Schlagen Sie die Knollen dafür in Papier ein. Bereits gekochte Knollen sollten am nächsten Tag verbraucht werden.

»Beta vulgaris« ist der botanische Name der roten Knolle, daher auch ihr Name. Ihre ursprünglich Heimat sind die Küstenlandschaften des östlichen Mittelmeeres und die zentral- und nordasiatischen Steppen. Rote Bete, wie wir sie heute kennen, sind jedoch erst im 19. und 20. Jahrhundert entstanden. Allerdings nur um gekocht und dann sauer eingelegt zu werden, für lange Zeit die einzige Zubereitungsart.

In den letzten Jahren ist die aromatische, etwas erdig schmeckende Rübenart zu neuen Küchenehren gekommen. Die saftige rote Rübe gilt als Delikatesse. Und gesund ist sie noch dazu. Calcium, Kalium und Magnesium sind in ihr enthalten, an Vitaminen Ableger der B-Gruppe, Vitamin C und Folsäure. Lange Zeit wurde angenommen, dass der stark rot färbende Pflanzenfarbstoff Betanin die Blutbildung fördert. Jedoch fördern Rote Bete eher die Verdauung und helfen Infektionen zu verhüten. Weniger gut für die Gesundheit ist das in den Knollen gespeicherte Nitrat, das sich beim nochmaligen Aufwärmen von Gerichten mit Rote Bete sogar erhöht. Unter Umständen kann es im Körper in krebserregendes Nitrosamin umgewandelt werden. Das lässt sich aber verhindern, wenn Rote Bete mit Vitamin-C-haltigen Lebensmitteln wie Zitronensaft zubereitet werden. Menschen, die Probleme mit Nierensteinen haben, sollten auf Rote Bete wegen der enthaltenen Oxalsäure verzichten.

Um Rote Bete zuzubereiten, werden sie im Ganzen unter fließendem Wasser gewaschen. Dabei die Schale nicht verletzen, Wurzeln und Blattansätze an der Knolle lassen. Ein Ausbluten beim Kochen wird so verhindert. Junge Knollen sind nach etwa 30 Minuten, ältere nach 50 – 60 Minuten gar. Danach die Rote Bete noch in der Schale mit kaltem Wasser abschrecken. Sie lassen sich dann besser schälen. Beim Schälen an Gummihandschuhe denken! Weitere Tipps, mit dem stark färbenden Saft umzugehen: Das Schneidebrett zuvor in kaltes Wasser tauchen, damit der Saft nicht einziehen kann. Gewürfeltes Gemüse in etwas Öl wenden, wenn das Gericht, etwa ein Salat, nicht total rosa aussehen soll. Sind trotzdem einmal Flecken auf Hände oder Stoff gekommen, lassen sie sich mit heißem Wasser und Seife schnell wieder auswaschen.

Rote Bete sind wichtiger Bestandteil der osteuropäischen Küche und nicht nur Bestandteil der Borschtschsuppe. Die farbintensiven Knollen schmecken ebenfalls püriert in einer Gemüsesuppe, verfeinert mit saurer Sahne oder Crème fraîche. Wie Kartoffeln lassen sie sich im Ofen backen, frittieren und als Salat zubereiten. Darin schmecken sie auch roh, zum Beispiel geraspelt mit Äpfeln, Zwiebeln und Nüssen. Zu ihrem leicht erdigen Geschmack passen frische Kräuter wie Dill, Petersilie, Schnittlauch und Kerbel. Ebenfalls zum Würzen eignen sich Kümmel, Nelken, Meerrettich und Exotisches wie Ingwer und Kardamon. Sauer eingelegte Rote Bete sind die eine klassische Beilage zu Königsberger Klopsen und gekochtem Rindfleisch wie Ochsenbrust oder Tafelspitz.

Möhre

Saison

Möhren werden fast zu jeder Jahreszeit geerntet, außer im Winter. Im Frühling gibt es die zarten Bund- oder Frühmöhren mit Grün, von Juni an Wasch- oder Sommermöhren, und ab November Spät- oder Lagermöhren.

Tipps zum Einkauf

Da in Plastik verpackte Möhren nicht atmen können und schnell faulig werden, kaufen Sie besser lose Ware. Bei Bundmöhren im Frühjahr auf frisches Blattgrün achten.

Aufbewahrung

Bundmöhren halten sie sich im Gemüsefach des Kühlschranks noch einige Tage, zuvor aber unbedingt das Grün entfernen. Es entzieht den Möhren die Feuchtigkeit. Die robusteren Spätmöhren halten sich an einem kühlen, dunklen Ort wie dem Keller auch länger.

Wo genau diese alte Gemüsesorten herkommt, ist nicht bekannt. Der orangefarbene Spross aus der Familie der Doldenblütler ist eigentlich auf der ganzen Welt zuhause. Je nach Region heißt sie Möhre oder Mohrrübe, Karotte oder gelbe Rübe, Rübli in der Schweiz. Wildformen der Möhre wachsen heute noch in Asien und Südeuropa. Es gibt längliche und kurze Möhren, walzen- und kegelförmige sowie rundliche Möhren. Gesund sind sie alle. Neben den Vitalstoffen Vitamin K, Folsäure, Kalium, Calcium, Eisen und Selen enthalten sie besonders viel Beta-Karotin, einer Vorstufe von Vitamin A. Möhren gelten deshalb als besonders gut für die Augen. Und als Schonkost, das Richtige für empfindliche Mägen und Babys. Damit sich alle guten Inhaltsstoffe der Möhre gut entfalten können, sollte sie immer mit etwas Fett zubereitet und zerkleinert werden.

Kleine und junge Möhren brauchen davor nur gründlich gebürstet und gewaschen werden. Dickere Exemplare verlangen nach dem Schäler. Schneiden Sie außerdem den kräftigen Ansatz vom Blattgrün großzügig ab. Möhren, die roh auf den Tisch kommen sollen, danach raspeln. Möhren zum Kochen in Scheiben, Würfel oder Stifte schneiden. Es reicht, sie in wenig Gemüsebrühe mit geschlossenem Deckel etwa 5 Minuten zu dünsten, dann haben sie noch Biss. Länger kochen sollten die Rüben für Eintöpfe oder pürierte Gemüsesuppen. Möhren schmecken roh und kurz gedünstet im Salat, als Beilage, auch zusammen mit anderen Gemüsesorten, und in Olivenöl gebraten. Sogar zum Backen lassen sie sich verwenden. Berühmtes Beispiel ist die Schweizer Rüblitorte.

Viele Kräuter passen nicht nur vom Geschmack her gut zu Möhren, das Grün sieht auch noch hübsch zu ihrer leuchtenden Farbe aus: Petersilie, Kerbel, Koriander, Minze, Basilikum und Estragon. An Gewürzen dürfen es sowohl die scharfen wie Curry, Chili und Ingwer sein, als auch süße wie Zimt und Honig.

Rettich

Der scharfe Rettich ist eigentlich ein asiatisches Gemüse. Zu diesem Schluss kommt jedenfalls, wer den Pro Kopf-Verbrauch in fernöstlichen Ländern mit dem in Deutschland vergleicht. Koreaner verschärfen sich ihre Mahlzeiten mit sage und schreibe 30 kg pro Jahr, Japaner immerhin mit 12 kg. Dagegen sehen die 150 g deutscher Rettich mehr als kläglich aus. Die werden zum einen in bayrischen Biergärten verputzt, zum anderen in Schifferstadt. Immerhin veranstaltet die pfälzische Stadt jedes Jahr ein Rettichfest. Da bleibt dann für den Rest der Republik gerade noch je ein Scheibchen übrig…

Weißen, rosa und roten Rettich gibt es, ebenso braunen, violetten und schwarzen. Auch in der Form ist er unterschiedlich, er kann rund, zapfen- oder spindelförmig sein und bis zu 30 cm lang. Sein Fleisch ist jedoch immer weiß. Die sehr alte Gemüsepflanze stammt aus Vorderasien und kam über Ägypten in den ersten Jahrhunderten unserer Zeitrechnung nach Mitteleuropa.

Wie bei seinem Verwandten, dem Radieschen, machen Senföle seine Schärfe aus. Sie gelten als besonders Gesundheit fördernd. In asiatischem Rettich ist meist weniger davon enthalten, was ihn milder als europäischen macht. Andere wichtige Inhaltsstoffe sind in beiden zu finden: Calcium, Kalium, Phosphor, Natrium, Eisen, die Vitamine B1, B2, C und Niacin. Rettich wirkt sich außerdem günstig auf das Säure-Basen-Gleichgewicht im menschlichen Körper aus, er gilt als das Gemüse mit dem höchsten Basenüberschuss.

In Deutschland wird Rettich überwiegend roh verzehrt, in Scheiben oder Spiralen geschnitten, gerieben, auf dem Butterbrot und in Salaten. Meist reichlich gesalzen, wodurch er nicht nur viel Flüssigkeit, sonder auch das enthaltene Kalium verliert. Die weiße Rübe schmeckt jedoch auch knapp gegart, so wie Asiaten sie zubereiten. Zum Beispiel gebraten im Wok mit Fleisch und anderen Gemüsesorten oder in einer klaren Nudelsuppe.

Saison

Geerntet wird heimischer Rettich von Juli bis Oktober, Importware gibt es das ganze Jahr zu kaufen.

Tipps zum Einkauf

Oft sind besonders dicke Rettiche holzig. Achten Sie darauf, dass der Rettich höchstens einen Durchmesser von 7 cm hat.

Aufbewahrung

Nicht zu trocken aufbewahrt, ist Rettich im Gemüsefach Ihres Kühlschranks etwa 10 Tage haltbar.

Radieschen

Saison

Freilandware gibt es von Mai bis November, Radieschen aus dem Gewächshaus das ganze Jahr, allerdings mit weniger Schärfe.

Tipps zum Einkauf

Die kleinen Knollen sollten beim Einkauf keine Risse haben, sondern fest und prall sein. Gelbliche und welke Blätter zeigen, dass sie nicht frisch sind.

Aufbewahrung

Radieschen lassen sich nur bis zu drei Tagen aufbewahren. Dafür das Grün entfernen, weil es dem Gemüse den Saft entzieht. Die Wurzeln auch abschneiden. Dann in ein feuchtes Küchentuch schlagen oder in eine Vorratsdose geben und ab ins Gemüsefach des Kühlschranks.

Der kleine, nicht ganz so scharfe Bruder des Rettichs soll aus Vorderasien stammen. In Europa ist das knackige Radieschen erst seit etwa 400 Jahren bekannt. Sein Fleisch ist immer weiß, die Haut kann dagegen unterschiedliche Farben haben. Je nach Sorte ist sie rot, violett, gelb oder weiß, wie die von den länglichen Eiszapfen. Oder gar zweifarbig, wie bei den in Frankreich beliebten Weißpunktradieschen, die am Blattansatz rot, zur Wurzel hin weiß sind. Von der Form her sind die meisten Radieschen rund.

So scharf wie Radieschen sein können, so gesund gelten sie auch. Senföle sind die Wunderwaffen in den roten Kugeln. Sie sind verantwortlich für die Schärfe und fördern dazu noch die Gesundheit. Appetit und Verdauung regen sie an und sollen sogar antimikrobiell wirken. Außerdem enthalten Radieschen reichlich Kalium, das jedoch beim Würzen mit Salz herausgeschwemmt wird. Auch Eisen und Vitamin C sind vorhanden.

Radieschen schmecken am besten roh. Zwar lassen sie sich auch dünsten, zum Beispiel in einer Brühe, jedoch verlieren sie dabei sowohl ihre rote Farbe als auch ihre Schärfe. Ob roh oder gegart, vor ihrem Genuss müssen die Wurzeln sowie die Blätter samt Stiel entfernt werden, dann kurz waschen. Die roten Kugeln sehen hübsch auf jeder Rohkostplatte aus, dazu verschiedene Dips servieren. Blattsalate bekommen mit ihnen einen Farbtupfer. Lecker sind auch Quark- und Frischkäseaufstriche mit klein geschnittenen Radieschen. Wie im Biergarten schmeckt ein Butterbrot belegt mit Scheiben der würzigen kleinen Knolle.

Weiße Rübe

Zahlreiche Zuchtformen gibt es von der Gemüsepflanze mit den fleischigen, weißen Wurzeln. Runde und längliche, Tellerrüben, bayrische Rüben und Navets sind nur einige. Als die feinsten gelten Mairübchen, Teltower Rübchen als die berühmtesten. Über die Region Brandenburg hinaus bekannt wurden sie, nachdem Teltow 1711 völlig niedergebrannt war. Weil ihr Rübchen im Geschmack sehr viel besser als andere Sorten war, versuchten die Teltower mit der regionalen Spezialität einen Neuanfang. Vorteilhaft war zudem, dass dieses Gemüse bereits 6 – 8 Wochen nach der Saat geerntet werden konnte, also in Frühjahr und Herbst zur Verfügung stand. Nicht lang, und Teltower Rübchen galten in ganz Europa als Delikatesse. Auch Johann Wolfgang von Goethe schätzte sie als Leckerbissen. Wie sie schmecken? Leicht nach Rettich, dabei ein wenig süßlich und vor allem ohne strengen Nachgeschmack.

Die knackigen Rübchen werden heute ebenso in anderen Regionen Deutschlands und in der Schweiz angebaut. Franzosen lieben dagegen ihre Navets, Verwandte der brandenburgischen Spezialität mit einem lila Kranz. Alle weißen Rüben enthalten die Vitamine C und B sowie Magnesium, Calcium, Eisen und Jod.

Teltower Rübchen werden gewaschen und nur dünn geschält, Mairübchen dürfen ihre Schale behalten. Beide schmecken roh einfach so oder im Salat. Zerschnitten lassen sie sich dünsten, schmoren, glasieren, gratinieren, pürieren oder auch in Fett ausbacken. Zusammen mit anderem Gemüse passen sie in Eintöpfe.

Saison

Mairübchen erhalten Sie von Mai bis August, Teltower Rübchen, die erst im Spätsommer ausgesät werden, von Oktober bis Dezember.

Tipps zum Einkauf

Wie bei allen Rüben auf Knackigkeit und frisches Grün achten. Auf Gemüse mit Wurmgängen verzichten.

Aufbewahrung

In ein feuchtes Tuch geschlagen halten sich die Rübchen im Kühlschrank etwa eine Woche. Zum längeren Lagern lassen sie sich in eine Kiste mit sauberem, feuchtem Sand schichten, dann im kühlen Keller aufbewahren.

Schwarzwurzel

Saison

Das Wintergemüse können Sie von Oktober bis April kaufen.

Tipps zum Einkauf

Weil beim Putzen viel Abfall anfällt, nicht zu dünne Stangen kaufen, von einem 500 g-Bund landen im Kochtopf nur noch 300 g. Möglichst ungewaschene Wurzeln wählen, die nicht gebrochen sind.

Aufbewahrung

Dick in Zeitungspapier eingewickelt halten sich Schwarzwurzeln in einem kühlen und trockenen Raum zwei bis drei Tage. Die ungewaschenen Stangen lassen sich aber auch in Sand oder Erde lagern. Sie halten sich so im kühlen Keller bis zu drei Wochen.

Südeuropa ist die Heimat der mit dem Löwenzahn verwandten Wurzel. Weil die Schwarzwurzel wegen ihrer groben dunklen Schale eher unansehnlich ist, vermutete lange niemand, dass sich feines weißes Fleisch darunter befindet. Es schmeckt herbwürzig und leicht nussig, dem Spargel ähnlich, dabei aber etwas milder.

Wichtige Mineralien sind Kalium und Eisen, außerdem die Vitamine B1, E und Folsäure. Das Gemüse enthält aber auch Nitrat, das beim Verzehren in schädliche Nitrosamine umgewandelt werden kann. Verhindern lässt sich das durch die Zugabe von Zitronensaft bei der Zubereitung.

Aufwendig ist die Vorbereitung von Schwarzwurzeln. Dazu am besten Gummihandschuhe anziehen, weil aus den Wurzeln Milchsaft austritt, der sofort oxydiert und stark färbt. Zunächst die Wurzeln in kaltes Wasser legen und mit einer Bürste die anhaftende Erde vollständig entfernen. Dann unter fließendem Wasser mit einem Sparschäler schälen und in mundgerechte Stücke schneiden. Gelangt doch etwas Milchsaft an die Hände, hilft Zitronensaft oder ein Bimsstein. Damit die geschälten Schwarzwurzeln weiter schön hell bleiben, legt man sie am vor dem Weiterverarbeiten in Essig- oder Zitronenwasser.

Meist wird der Winterspargel gekocht und als Beilage zu gebratenem oder gekochten Fleisch oder Fisch gegessen. Er ist nach etwa 20 Minuten gar. Gut schmeckt er in einer hellen Sauce. Schwarzwurzeln lassen sich auch in der Pfanne braten, frittieren, mit Käse überbacken sowie in Suppen und Eintöpfen verwenden. Angemacht mit Zitronensaft kann man sie ebenso roh zubereiten, dafür die Stangen einfach reiben.

Meerrettich

Bevor der Meerrettich in heimatlichen Klostergärten angebaut wurde, war er nur in Südosteuropa und Russland bekannt. Zunächst half er kranken Menschen, bei Fieber und Appetitlosigkeit, bei Kreislaufproblemen. Seine Schärfe ist auch noch heute von Vorteil. Wie beim Rettich kommt sie von den Senfölen, die in ihm stecken. Nicht nur, dass sie die Durchblutung der Schleimhäute anregen, sie zerstören die Mikroben im Körper

Wer die würzige Schärfe der braunen Wurzel genießen möchte, muss erstmal ein Taschentuch bereit legen. Denn das Reiben treibt jedem die Tränen in die Augen. Wirklich wahr: Arbeiter, die Meerrettich industriell verarbeiten, tragen Atemschutzmasken! Übrigens landet der größte Teil der in Europa geernteten Stangen zerkleinert in Gläsern und Tuben. Nur ein Bruchteil gelangt so in den Handel.

Bevor es mit dem Reiben losgeht, kommt aber erstmal das Säubern und Schälen. Erst die Meerrettichstange vom Sand befreien und dann mit dem Sparschäler schälen. Eventuell etwas Essig oder Zitronensaft zu den Meerrettichspänen geben, damit sie sich nicht verfärben.

Zum »so« essen eignet sich das Fleisch der scharfen Wurzel weniger, dafür umso mehr als Zutat und Würze. Zum Beispiel für helle Saucen, sowohl warme als auch kalte, zu gekochtem Fisch oder Fleisch. Er wird erst zum Schluss an ein Gericht gegeben, weil er durch Hitze seine Schärfe verliert. Eine beliebte Beilage ist der Scharfmacher zu geräuchertem Fisch, gern mit geriebenem Apfel und geschlagener Sahne oder Mayonnaise gemischt. Dann ist er auch nicht mehr so scharf. Aufs Brot schmeckt mit Meerrettich angemachter Quark und Meerrettichbutter.

Saison

Erntezeit für Meerrettich ist Oktober bis Dezember. Da sie lange lagerfähig sind, erhalten Sie die Wurzeln bis zum April.

Tipps zum Einkauf

Die Stangen sollten gerade gewachsen und unbeschädigt sein sowie weißes Fleisch haben. Bei bereits geriebenem Meerrettich auf die Farbe achten! Milchig-weiß deutet auf Konservierungsstoffe hin, wer darauf verzichten möchte, nimmt leicht bräunlichen.

Aufbewahrung

In Folie gewickelt hält sich die Meerrettichwurzel im Kühlschrank mehrere Wochen. Auch bereits geriebenen lässt er sich in einem Schraubdeckelglas mindestens zwei Wochen aufbewahren. Ungeschält können Sie ihn einfrieren.

Spargel

Saison

April/Mai bis 24. Juni, Johannistag.

Tipps zum Einkauf

Auf geschlossene weiße Köpfchen und eine glatte, helle Schnittfläche achten. Die Stangen selbst sollen gerade, ohne Spalten und braune Stellen sowie fest sein. Frisch quietschen sie etwas, wenn man sie aneinander reibt. Die Einkaufsmenge richtet sich nach dem Appetit, zwischen 250 und 500 g pro Person dürfen es schon sein.

Aufbewahrung

In ein feuchtes Küchentuch eingeschlagen hält sich Spargel im Gemüsefach des Kühlschranks noch zwei bis drei Tage.

Er gilt als das Luxusgemüse überhaupt. Und das bereits seit Jahrtausenden, denn er war sowohl bei Ägyptern, als auch bei den Griechen und Römern beliebt. Allerdings handelte es sich damals um grünen Spargel, der seine Farbe durch die Einwirkung von Sonnenstrahlen erhält. Weißer Spargel wächst unter der Erde. Erst wenn sein zartes Köpfchen aus dem hügeligen Beet herausragt, wird es zunächst violett – und danach grün. Die weißen Spargelstangen sind bis dahin jedoch längst gestochen worden. Sie schmecken ein wenig bitterer als die schlankeren grünen Brüder. Diese haben dagegen einen herzhafteren Geschmack.

In Deutschland ist vor allem weißer Spargel beliebt. Den man so, wie wir ihn heute kennen, jedoch erst seit Ende des 19. Jahrhunderts anbaut. Er ist meist teurer als der grüne, was daran liegt, dass er Stange für Stange von Hand gestochen wird. Gesund sind beide Sorten. Sie wirken entwässernd, enthalten Eisen, Kalium und Jod sowie die Vitamine C, E, B1, B2, B6 und das Provitamin A. Grünen Spargel vorzubereiten ist leicht. Nach dem Waschen die Enden abschneiden und, falls nötig, nur am unteren Drittel schälen. Weißen Spargel muss ganz geschält werden, am besten mit einem speziellen Spargel- oder einem Sparschäler. Vom Köpfchen aus beginnen und zum Schluss die holzigen Enden großzügig wegschneiden.

Spargel schmeckt auf viele Arten: gekocht mit Butter oder Sauce, als Beilage, in Suppen, Salaten und Ragouts, gebraten und auch roh.

Chicorée

Die weißlichen Blattsprossen werden »erst« seit gut 150 Jahren als Gemüse geschätzt. Ein Gärtner in Brüssel entdeckte sie um 1845 eher zufällig an Zichorienwurzeln, die im Keller lagen. Sie schmeckten ihm so gut, dass er zu experimentieren begann. Und so die Grundlagen für die Chicoréezüchtung legte. Heutzutage wird Chicorée in zwei Phasen angebaut. Erst als Zichorienpflanze im Freiland, deren Blätter das Vieh erhält. Die Wurzeln kommen danach wieder aus der Erde hinaus und werden in warmen, dunklen Treibräumen zum zweiten Mal gepflanzt. Innerhalb von zwei Tagen wachsen die länglichen Chicoréesprossen heran. Neben den hellen gibt es mittlerweile auch Züchtungen mit rotgeränderten Blättern.

Ob rot oder hellgelb, knackig sind Chicoréeblätter immer. Typisch ist auch der leicht bittere Geschmack. Dafür verantwortlich ist der Inhaltstoff Intybin. Aber auch wertvolle Vitamine sind im Chicorée enthalten, vor allem Vitamin A, C und Folsäure. Die machen das Blattgemüse besonders für die Wintermonate zu einem guten Vitaminspender.

Wenig Aufwand macht die Zubereitung: Waschen und welke Blätter entfernen. Vom Wurzelende etwa 1 cm abschneiden, den Chicorée halbieren und, falls nötig, den bitteren Keil entfernen. Das ist bei manchen Züchtungen jedoch nicht mehr nötig. Chicorée schmeckt roh in Salaten oder mit einem Dip. Er lässt sich aber auch warm zubereiten. Wichtig: Chicorée nie in einer Pfanne oder einem Topf aus Eisen zubereiten, darin wird das Gemüse schwarz.

Saison

Chicorée gibt es das ganze Jahr über, Hauptsaison ist von November bis April.

Tipps zum Einkauf

Die Stauden sollten noch fest geschlossen sein und keine braunen Stellen haben. Sind die Blätter schon grün, beinhalten sie mehr Bitterstoffe.

Aufbewahrung

Im Dunkeln, sonst werden die Blätter grün. Hält sich bis zu acht Tagen im Gemüsefach des Kühlschranks frisch.

Mit kräftigen Blättern

Mangold

Saison
Heimischer Mangold ist von Mai bis in den Herbst auf dem Markt, importierter das ganze Jahr über.

Tipps zum Einkauf
Die Stiele knackig, die Blätter kräftig grün und ohne braune Stellen, so sollte Mangold aussehen.

Aufbewahrung
In ein feuchtes Tuch gewickelt hält sich der empfindliche Blattmangold im Kühlschrank noch zwei Tage frisch. Stielmangold ist robuster und übersteht eine ganze Woche.

An sich handelt es sich bei Mangold um eine Rübenart, die mit Rote Bete verwandt ist. Wirklich gut schmecken jedoch nur ihre Blätter. Sie erinnern an Spinat, sind dabei jedoch etwas würziger. Mangoldstiele sind im Geschmack sogar mit Spargel zu vergleichen. Einst zählte Mangold in unseren Breitengraden zu den bekanntesten Gemüsesorten. Jedoch nur, bis ihm vor ein paar hundert Jahren der Spinat den Rang ablief.

Zwei Sorten gibt es von dem Blattgemüse: Rippen- oder Stielmangold mit fleischigen, breiten Stielen und Blattmangold oder römischer Kohl mit breiten Blättern. Beide Sorten sind reich an den Vitaminen B1, B2, Beta-Karotin und C sowie an Ballaststoffen. Eisen, Kalium, Calcium, Magnesium, Phosphor und Jod sind wichtige enthaltene Mineralstoffe. Weniger schön ist, dass Mangold auch reich an Nitrat ist. Wird das Gemüse längere Zeit warm gehalten, kann sich daraus gesundheitsschädliches Nitrit bilden. Da Mangold zwischen den Stielen und den Rillen der Blätter oft sehr sandig ist, muss er vor der Zubereitung besonders gründlich gewaschen werden. Trennen Sie bei Stielmangold erst die Blätter von den Stielen. Von fasrigen Stielen ziehen Sie die Fäden ab und schneiden Sie in kleinere Stücke. Weil ihre Garzeit länger als die der Blätter ist, bereitet man sie am besten nacheinander zu. Mangoldblätter lassen sich wie Spinat zubereiten, schmecken gedünstet in Butter oder Olivenöl. Etwas Fingerfertigkeit braucht es zum Herstellen von Mangoldröllchen. Separat gekocht lassen sich die weißen Stiele wie Spargel mit brauner Butter oder einer Sauce servieren.

Wirsing

Bei dieser Kohlsorte fallen besonders die mehr oder weniger krausen, gerippten Blätter auf. Sie liegen viel lockerer aneinander als etwa bei Weiß- und Rotkohl. Aus dem Mittelmeerraum stammt der Wirsing. Andere Namen für ihn sind Mailänder Kohl, Savoyer- oder Börschkohl und Welschkraut. Hat der Kohlkopf hellgrüne Blätter, dann handelt es sich um Sommerwirsing, den Feinschmecker sehr schätzen. Herbst- und Winterwirsing ist im Gegensatz viel robuster und ausgeprägter in seinem Kohlgeschmack.

Wirsingkohl enthält eine Menge Vitamin C, außerdem die Vitamine B6 und E sowie Folsäure.

Kalium, Kalzium und Eisen sind wichtige Mineralstoffe.

Vor seiner Zubereitung zuerst welke, äußere Blätter entfernen, danach waschen. Je nach Größe können Sie dann vierteln oder achteln, und in Stücken oder klein geschnitten garen. Zuvor den harten Strunk keilförmig herauszuschneiden. Früher war es üblich, Kohl mit viel Fett und lange Zeit zu kochen. Vitamine und Mineralstoffen bleiben besser erhalten, wenn in Streifen geschnittenes Wirsinggemüse nur 5 – 8 Minuten gart, Wirsingviertel etwas länger. Die späten Sorten benötigen eine etwas längere Garzeit. Aus ganzen Wirsingblättern lassen sich Kohlrouladen zubereiten. Dafür die Blätter zuvor etwa zwei Minuten in sprudelndem Salzwasser blanchieren und dann kalt abschrecken.

Ein Tipp gegen die typischen Duftschwaben, die sich beim Kochen von Wirsing entwickeln. Schwefelverbindungen im Kohl sind Schuld daran. Sie lassen sich reduzieren, wenn man Wirsing in einem Schnellkochtopf mit Kümmel zubereitet.

Saison

Zarter Sommerwirsing hat von Mai bis Juni Saison. Bis in den Oktober wird Herbstwirsing geerntet, die Wintersorten in den letzten Monaten des Jahres
Von Januar bis April ist Importware im Angebot.

Tipps zum Einkauf

Knackige Blätter und eine saftiger Strunk sind Zeichen für einen frischen Kohlkopf.

Aufbewahrung

Frühe, in Mai und Juni angebotene Wirsingsorten, halten sich im Gemüsefach des Kühlschranks zwei bis drei Tage frisch. Herbst- und Wintersorten bis zu einer Woche.

Die Scharfen

Zwiebel

Saison
Zwiebeln haben das ganze Jahr Saison. Abhängig vom Zeitpunkt der Aussaat und Ernte gibt es Sommer- und Winterzwiebeln.

Tipps zum Einkauf
Darauf achten, dass die Zwiebeln prall und trocken sind. Es sollten keine grünen Keime zu sehen sein.

Aufbewahrung
Sowohl Sommer- als auch Winterzwiebeln sind sehr lange haltbar. Am besten halten sie sich luftig, trocken und kühl in einem Korb oder Netz. Faule Zwiebeln unbedingt aussortieren und wegschmeißen, damit sie die anderen Zwiebeln nicht anstecken.

Diese uralte Gemüse- und Würzpflanze spielt neben Salz in unserer Küche die wichtigste Rolle. Um die 7 Kilogramm verbraucht sowohl jeder Deutsche als auch Österreicher pro Jahr. Ihre Heimat ist jedoch Westasien, wo schon die Sumerer sie nutzten. Wichtig waren über Jahrtausende auch die Heilwirkungen der Zwiebel. Herz und Magen soll sie schützen, den Blutzucker senken, die Sehkraft stärken. Zusammen mit Honig oder Zucker lindert sie Husten und Heiserkeit. Glucosinolate heißen die scharfen Aromastoffe der Zwiebel, die sogar helfen sollen, Krebs vorzubeugen. Weitere wichtige Inhaltstoffe der Zwiebel sind Vitamin C, Kalium, Kalzium, Zink und Phosphor. In Frühlingszwiebeln ist auch das Provitamin A enthalten.

Es gibt verschiedene Zwiebelsorten, die würzigste und am meisten verwendete ist die Haushaltszwiebel mit hellbrauner Schale. Von der Farbe her ähnlich sieht die Gemüsezwiebel aus, nur dass sie wesentlich größer und milder ist. Mit ihrem weichen und saftigen Fleisch eignet sie sich besonders zum Füllen. Aus Italien kommen die milden weißen und die mild-würzigen roten Zwiebeln, die gut zu Salaten passen. Meist sauer eingelegt werden die kleinen Perlzwiebeln gegessen, mit ihrem Grün die Frühlingszwiebeln oder Lauchzwiebeln. Auch Schalotten gehören zur Familie.

Vor ihrer Verwendung müssen Zwiebeln erst einmal ihre Schale loswerden. Wer sie als Gemüse servieren will, schneidet sie besser in Spalten als in Würfel, weil die zu schnell zerkochen. Dazu die Zwiebel halbieren und dann je nach Größe zwei- oder dreimal längs zur Mitte hin durchschneiden. Zum Würfeln von Zwiebeln nicht das Wurzelende abschneiden. Es hält die

einzelnen Häute zusammen und erleichtert das Schneiden. Jedoch sollten Zwiebeln nicht längere Zeit vor ihrer Verwendung zerkleinert und offen beiseite gestellt werden. Sie können bitter werden.

Kaum zu verhindern ist dagegen, dass Tränen beim Zwiebelschneiden fließen. Tipps, die ein wenig helfen, sind, am offenen Fenster zu arbeiten und während des Schneidens Wasser im Mund zu halten. Wem es nicht zu albern aussieht, der setzt eine Taucherbrille auf.

Zwiebeln schmecken in vielen Salaten, Saucen, Suppen und Eintöpfen. Als eigene Gemüsebeilage lassen sie sich schmoren, backen oder grillen. Zwiebeln sollten bei nicht zu hoher Temperatur angebraten und auch geschmort werden, sie werden sonst zu dunkel und dann bitter.

Schalotte

Saison

Die Erntezeit für Schalotten ist Juli und August. Bis November sind sie von bester Qualität, werden aber bis zum nächsten April angeboten.

Tipps zum Einkauf

Auf eine fest geschlossene und glänzende Schale achten, die keine Anzeichen von Feuchtigkeit hat.

Aufbewahrung

Die Schalotten kühl, luftig und trocken, genau wie Zwiebeln aufbewahren.

Askalonzwiebel wird die kleine und feine Schalotte auch genannt. Und das erklärt gleich ihre Herkunft. Denn Askalon heißt ein historisch sehr wichtiger Hafen im heutigen Israel, von wo Kreuzfahrer die Zwiebelart nach Mitteleuropa brachten. Verwildert kommt sie noch heute in Vorderasien und im Orient, ihrer ursprünglichen Heimat, vor.

Weitere Namen der Schalotte sind Asch- oder Eschlauch. Außer in ihrer Zierlichkeit und dem sanft-aromatischen Geschmack unterscheiden sie noch ein paar andere Merkmale von der gewöhnlichen Haushaltszwiebel. Ihr Fleisch unter der bräunlichen Schale ist nicht weiß sondern eher violett, sie besteht aus einer Haupt- und mehreren zusammenhängenden Tochterzwiebeln, die allesamt nicht rund sondern länglich-eiförmig sind, ähnlich wie beim Knoblauch. Zudem sind Schalotten noch haltbarer als Küchenzwiebeln.

Nicht weniger gesund als die Zwiebel ist auch die Schalotte, denn die antibakteriell wirkenden Aromastoffe enthält sie ebenfalls. Ihr Gehalt an den Vitaminen E, B und C ist sogar höher als der ihrer robusten Verwandten, der an Kalium mehr als doppelt so hoch. Trotzdem werden Schalotten in Deutschland fast nur in Restaurantküchen regelmäßig verwendet. Ganz anders im Nachbarland Frankreich, wo sie ganz selbstverständlich zum Kochen im Alltag dazugehören.

Der angenehme Geschmack der Edelzwiebel eignet sich gut für Fisch und feine Saucen. Dabei ist ebenfalls von Vorteil, dass Schalotten schnell gar sind. Ein Muss sind sie fein gehackt als Zutat für die buttrige Sauce Béarnaise. Die Zwiebelchen würzen unaufdringlich feine Salate und aromatisieren Essig. Vor ihrer Verwendung müssen sie selbstverständlich gepellt werden. Je nach Wunsch kommen sie fein zerkleinert, geviertelt, halbiert oder im Ganzen ins Lieblingsgericht.

Porree

Auch Porree oder Lauch kann sich neben der Zwiebel in die Reihe der Gemüseveteranen einreihen, die schon zu Zeiten der Ägypter, Griechen und Römer bekannt waren. Die Stangen lassen sich dreiteilen: in die eher unscheinbare Zwiebel, die saftigen, weißen Scheinstängel mit den eng nebeneinander liegenden Blattscheiden und die blaugrünen, langen Blätter oder Blattspreiten.

Je nach Jahreszeit unterscheidet sich der weiße und grüne Anteil. Porree, der im Sommer geerntet wird, hat hellgrüne Blätter, einen längeren weißen Schaft und ist insgesamt zarter. Dafür sind bei Herbst- und Winterporree das Weiße dicker und kürzer, die Blätter dunkler. Er ist immer Bestandteil eines Suppengrüns.

Auf den Geschmack und die Qualität von Porree hat die Erntezeit jedoch keinen Einfluss. Wie die Zwiebel ist Porree sehr gesund. Ähnlich im Geschmack werden auch ihm antibiotische Wirkungen zugeschrieben. Er enthält das Provitamin A, Niacin sowie die Vitamine B und C, an Mineralstoffen Kalium, Calcium und Eisen.

Für die Verwendung im Ganzen eignet sich der zartere Sommerporree. Die dicken späten Sorten sollten klein geschnitten werden. Von beiden Seiten zuvor die Wurzeln abschneiden und welke Blätter entfernen. Dann die Porreestangen längs einritzen oder halbieren und gründlich waschen, sie sind oft sehr sandig. In Ringe geschnittener Porree ist in wenig gesalzenem Wasser und einer Prise Zucker gedünstet nach 8 Minuten gar, halbierte Stangen spätestens nach 10 Minuten.

Roh, zum Beispiel in einem Salat, schmeckt Porree nur im Sommer, er verträgt dann auch gut eine gehaltvolle Salatsauce auf Mayonnaise-Basis. Herbst- und Winterporree sollte immer gegart werden. Aus dem Gemüse lassen sich Beilagen, klare und cremige Suppen sowie Eintöpfe zubereiten. Aus dem Ofen ist Porree schmackhaft in Aufläufen oder gebacken in einer Gemüsetorte.

Saison

Porree gibt es fast das ganze Jahr: Von Juni bis September Sommerporree, bis November Herbstporree, von November bis ins nächste Frühjahr Winterporree.

Tipps zum Einkauf

Unbeschädigte Stangen und knackige Blattspitzen sind die Frischemerkmale von Porree oder Lauch. Beim Putzen mit etwa 40% Abfall rechnen, deshalb nicht zu wenig kaufen!

Aufbewahrung

Im Gemüsefach des Kühlschranks oder im kühlen Keller aufbewahrt hält sich Porree bis zu 5 Tagen. Nicht so lang, wenn er neben Blumenkohl lagert.

Rezepte

Vegetarisch

Gemüseknabbereien mit zwei Dips

Gemüsezutaten

3 Möhren
1 Bund Radieschen
$^1/_2$ Rettich
1 Chicoréestaude

Zutaten Senf-Honig-Dip

150 g Crème fraîche
1 – 2 TL Dijonsenf
1 TL Honig
1 TL Zitronensaft
Salz
Pfeffer, frisch gemahlen

Zutaten Erdnuss-Dip

5 EL Weißer Balsamicoessig
2 EL Zucker
1 gestr. TL Salz
2 gehäufte EL Erdnusscreme, crunchy
1 kleine Dose Tomatenmark
1 EL Sojasauce

Das Gemüse waschen. Die Möhren schälen und in längliche Streifen schneiden. Radieschen putzen, wer mag, lässt ein wenig Grünes stehen. Den Rettich schälen und längs ebenfalls in etwa 6 cm lange Stifte scheiden. Die Chicoréestaude in einzelne Blätter teilen. Alle Gemüsesorten auf einem großen Teller oder einer Platte hübsch anrichten.

Für den Senf-Honig-Dip alle Zutaten verrühren und abschmecken.

Für den Erdnuss-Dip 5 EL Wasser mit Essig, Zucker und Salz kurz aufkochen und dann abkühlen lassen. Die restlichen Zutaten in einen hohen Rührbecher geben und mit dem Essigwasser gut verrühren. Das geht besonders gut mit dem Handmixer.

Die Dips in Schälchen füllen und zum Gemüse servieren. Ofenfrisches Ciabatta oder Baguette nicht vergessen!

Tipp: Was sich noch in Dips getaucht knabbern lässt: Paprikaschoten, Gurke, Staudensellerie, Kohlrabi, Navets, Fenchel, Zucchini, vorgegarte Blumenkohlröschen…

Topinambur-Zwiebel-Puffer mit Lachs und Senfcreme

Zutaten

500 g Topinambur
1 Ei
250 g Zwiebeln
1– 2 EL Mehl
Salz
Pfeffer, frisch gemahlen
Öl zum Braten

2 EL mittelscharfer Senf
1 Bund Dill
2 TL Honig
Pfeffer frisch gemahlen
6 Scheiben Räucherlachs

Für die Puffer die Topinamburknollen waschen, schälen und grob reiben. Das Ei verquirlen und unterrühren. Zwiebeln pellen, in dünne Ringe schneiden und unter die Topinambur-Eimasse mischen. Zur Bindung 1 – 2 EL Mehl unterrühren. Mit Salz und Pfeffer abschmecken.

In einer Pfanne das Öl gut erhitzen und portionsweise jeweils 3 Puffer von jeder Seite 3 – 4 Minuten goldbraun braten (insgesamt 12 Puffer). Nach dem Herausnehmen überschüssiges Fett auf Küchenpapier abtropfen lassen und warm stellen.

Für die Senfcreme den Senf, gehackten Dill, Honig und Pfeffer verrühren. Etwas Dill zum Dekorieren übrig lassen. Die Lachsscheiben halbieren. Auf vier großen Tellern jeweils 3 Zwiebel-Kartoffelpuffer mit je einer halben Scheibe Lachs und der Senfcreme anrichten. Mit Dillzweiglein dekorieren.

Tipp: Die Puffer lassen sich auch mit Kartoffeln und Zwiebeln zubereiten.

Spargeltarte

Zutaten für eine rechteckige Backform von etwa 20 x 30 cm Größe

3 Platten Tiefkühl-Blätterteig
350 g weißer Spargel
750 g grüner Spargel
Salz
1 Prise Zucker
80 g Käse zum Überbacken
150 g Crème fraîche
Pfeffer, frisch gemahlen
Etwas Mehl zum Ausrollen

Die Blätterteigplatten nebeneinander legen und bei Zimmertemperatur etwa 15 Minuten auftauen lassen. Beide Spargelsorten waschen und die Enden abschneiden. Den grünen Spargel am unteren Drittel, den weißen Spargel ganz schälen. In zwei Töpfen reichlich Wasser mit Salz und dem Zucker zum Kochen bringen.

In einem Topf den grünen Spargel 2 Minuten, im anderen den weißen 3 Minuten blanchieren. Beide Sorten abtropfen lassen.

Den Käse reiben und mit Crème fraîche verrühren, mit Pfeffer und wenig Salz abschmecken. Den Backofen auf 180 °C vorheizen. Die Blätterteigplatten aufeinander legen und mit wenig Mehl leicht ausrollen.

Eine feuerfeste rechteckige Form kalt ausspülen, aber nicht abtrocknen, mit dem Teig auslegen. Abwechselnd den grünen und den weißen Spargel auf dem Teig verteilen und mit der Käsecreme bedecken. Die Tarte auf der unteren Einschubleiste etwa 40 Minuten backen, bis der Teig gebräunt ist. Lauwarm serviert schmeckt sie am besten.

Mangoldröllchen mit Zitronensauce

Zutaten Mangoldröllchen

1 Zwiebel
2 EL Olivenöl
50 g Langkornreis
25 g Rosinen
25 g Pinienkerne
125 ml Gemüsebrühe
4 große Mangoldblätter
Salz
10 Blätter frische Minze
1 Stängel Petersilie
Pfeffer, frisch gemahlen
1/2 Teelöffel Honig
2 EL Zitronensaft
100 ml trockener Weißwein,
Küchengarn

Zutaten Zitronensauce

1 Zwiebel
1 EL Olivenöl
1 Prise Zucker
1 – 2 EL Zitronensaft
75 g Schafskäse
100 g Crème fraîche
Salz
Pfeffer, frisch gemahlen

Die Zwiebel pellen und fein hacken. In einem Topf 1 EL Öl erhitzen und die Zwiebel darin andünsten. Den Reis, die Rosinen und die Pinienkerne zufügen und mitdünsten. Die Brühe dazugießen und alles zum Kochen bringen. Zugedeckt bei schwacher Hitze in etwa 20 Minuten köcheln lassen, bis der Reis gar ist.

Inzwischen die Mangoldblätter waschen und quer vierteln. Die dicken Stielteile flach schneiden. Die Blätter in kochendem Salzwasser etwa 1 Minute blanchieren, danach kalt abschrecken und abtropfen lassen. Die Kräuter waschen, abtupfen und fein hacken. Den Reis etwas abkühlen lassen, dann mit den Kräutern, Salz, Pfeffer und dem Honig abschmecken. Die Mangoldblätter ausbreiten und die Reismischung darauf verteilen. Die Blätter an den Längsseiten einschlagen und zu kleinen Rouladen rollen, mit Küchengarn zusammenbinden.

In einem Topf das restliche Olivenöl mit dem Zitronensaft und dem Wein zum Kochen bringen. Die Röllchen vorsichtig hineinlegen und zugedeckt bei schwacher Hitze etwa 10 Minuten garen, dabei einmal vorsichtig umdrehen.

Für die Zitronensauce die Zwiebel pellen und fein würfeln. In heißem Olivenöl anschwitzen, den Zucker zugeben und mit etwas Zitronensaft ablöschen. Den Schafskäse und die Crème fraîche unterrühren, die Sauce abschmecken. Eventuell auch noch etwas Zitronensaft zugeben.

Die Mangoldröllchen mit der Zitronensauce und Baguette servieren. Sie schmecken auch lauwarm.

Lauchkuchen

Zutaten für ein Blech mit 20 Stücken

375 g Mehl
30 g Hefe
1 Prise Zucker
1 Prise Salz
60 ml Olivenöl
200 g gewürfelter Schinkenspeck
75 g Butter
1500 g Lauch
3 EL Mehl
Fett für das Backblech
250 ml Sahne
4 Eier
Salz
Pfeffer, frisch gemahlen

Das Mehl in eine große Schüssel geben und eine Kuhle machen. Darin die zerbröselte Hefe, Zucker, Salz und 180 ml lauwarmes Wasser verrühren. Olivenöl dazugeben und alles zu einem glatten Teig verkneten. Den Teig abdecken und an einem warmen Ort auf die doppelte Größe gehen lassen.

Den Schinkenspeck in der Butter bei mittlerer Hitze langsam ausbraten. Die Lauchstangen putzen und gründlich waschen. In Ringe schneiden, zum Schinkenspeck geben und andünsten. Mehl überstäuben und anschwitzen.

Backblech einfetten, den aufgegangenen Teig ausrollen und auf das Blech legen. Dabei an den Seiten einen kleinen Rand hochziehen. Die Schinken-Lauch-Mischung auf dem Teig verstreichen.

Die Sahne mit den Eiern verquirlen, salzen und pfeffern, Eiersahne über Schinken und Lauch gießen. Nun den Teig weitere 10 Minuten gehen lassen. In der Zwischenzeit den Backofen auf 225 °C vorheizen.

Den Lauchkuchen im heißen Backofen 35 bis 40 Minuten auf der mittleren Einschubleiste backen.

Vor dem Aufschneiden den Lauchkuchen etwa 5 Minuten ruhen lassen.

Krabbensülzchen mit Meerrettichsauce

Zutaten für 6 Förmchen à 150 ml

400 ml Fischfond
2 EL Zitronensaft
Salz
Pfeffer, frisch gemahlen
6 Blatt weiße Gelatine
1 Bund Dill
1/2 Salatgurke
1 roter Apfel
400 g Grönlandkrabben, geschält

Zutaten für Meerrettichsauce

200 g Doppelrahmfrischkäse
4 EL Joghurt
1 – 2 EL Zitronensaft
1 TL Dijonsenf
75 g frischen Meerrettich
1 Prise Zucker
Salz
Weißer Pfeffer, frisch gemahlen

Den Fischfond erwärmen und mit 1 EL Zitronensaft, Salz und Pfeffer abschmecken. Die Gelatine nach Packungsanweisung einweichen und im noch warmen Fischfond auflösen. Dillblättchen von den Stielen zupfen und grob hacken. Die Gurke schälen, längs halbieren, mit einem Löffel die Kerne entfernen und in kleine Würfel schneiden. Den Apfel waschen, vierteln, entkernen und mit der Schale ebenfalls würfeln. Die Krabben mit Gurke, Apfel, Dill und 1 EL Zitronensaft mischen und nochmals abschmecken.

In jedes Förmchen 2 EL Fischfond füllen und im Kühlschrank fest werden lassen. Dann die Krabbenmischung verteilen und mit dem restlichen abgekühlten Fond bedecken. Die Förmchen 2 – 3 Stunden kühl stellen.

Für die Sauce den Frischkäse mit Joghurt, Zitronensaft und Senf verrühren. Meerrettich waschen, schälen, fein reiben und schnell unter die Frischkäsemischung rühren. Mit Salz, Pfeffer und Zucker abschmecken.

Die Krabbensülzchen am Rand mit einem Messer lösen und auf Teller stürzen. Sülzchen im Glas in der Form lassen. Jeweils mit der Meerrettichsauce und einem Dillzweiglein garniert servieren.

Carpaccio vom Rettich mit Schnittlauch und Parmesan

Vegetarisch

Zutaten

500 g Rettich
1 rote Chilischote
1 Zitrone
grobes Meersalz
schwarzer Pfeffer, frisch gemahlen
100 ml Olivenöl
1 Bund Schnittlauch
75 g Parmesan im Stück

Den Rettich schälen und in sehr dünne Scheiben schneiden oder hobeln. Die Chilischote halbieren, vorsichtig die Kerne und weißen Trennwände entfernen und in dünne Streifen schneiden. (Hände danach gleich waschen, auf keinen Fall zuvor an die Augen fassen). Die Zitrone auspressen, den Saft mit Salz und Pfeffer verrühren, nach und nach das Olivenöl zugeben und zu einem Dressing vermischen.

Die Rettichscheiben auf großen Tellern fächerartig verteilen. Darüber die Chilistreifen streuen. Schnittlauch in feine Röllchen schneiden und auch über den Rettich verteilen. Vor dem Servieren mit dem Dressing beträufeln und Parmesan mit einer groben Reibe über das Rettich-Carpaccio hobeln. Dazu passt ofenwarmes Ciabattabrot.

Rote Bete-Chips mit Kartoffel-Knoblauchcreme

Zutaten

400 g Kartoffeln, mehligkochend
100 ml Gemüsebrühe
4 Knoblauchzehen
4 EL Olivenöl
1 Zitrone
Salz
Pfeffer, frisch gemahlen
1 Bund Dill
3 Rote Bete
Pflanzenöl

Die Kartoffeln schälen, grob zerschneiden und in Salzwasser gar kochen. Abgießen und mit der Gemüsebrühe zu Kartoffelbrei stampfen. Knoblauch pellen und dazu pressen. Die Zitrone auspressen, den Brei mit dem Saft und Olivenöl zu einer Creme rühren. Salzen und pfeffern, Dill hacken und untermischen.

Rote Bete schälen und in dünne Scheiben schneiden. In heißem Öl knusprig braten, auf Krepppapier abtropfen lassen und mit der Kartoffel-Knoblauchcreme servieren.

Marinierte Möhren mit Pinienkernen

Zutaten

500 g Möhren
5 EL Olivenöl
2 EL Balsamessig
1 EL Zitronensaft
grobes Meersalz
Pfeffer, frisch gemahlen
50 g Pinienkerne

Die Möhren waschen, schälen und in 1 cm dicke Stifte schneiden. 2 EL Olivenöl in einer Pfanne erhitzen und die Möhren darin etwa 10 Minuten bei mittlerer Hitze braten. Möhren auf einer Platte anrichten.

Balsamessig, Zitronensaft, Meersalz, Pfeffer und das restliche Olivenöl zu einer Marinade verrühren. Über die noch warmen Möhren gießen. Pinienkerne ohne Fett in einer Pfanne leicht rösten und über die Möhren geben. Mit frischem Ciabatta servieren. Auch italienische Salami passt dazu.

Tipp: Auch andere Gemüsesorten lassen sich auf diese Weise als Vorspeise zubereiten, zum Beispiel Lauch, Spargel, Fenchel und Zucchini.

Radieschen-Ziegenkäse-Türmchen

Zutaten
1 Bund Radieschen
1 Bund Bärlauch
1 Rolle Ziegenfrischkäse
oder 8 Taler
schwarzer Pfeffer,
grob gemahlen
4 EL natives Olivenöl

Radieschen waschen, putzen und in dünne Scheiben schneiden. Bärlauch waschen, trocken tupfen, vier schöne Blätter zur Dekoration beiseite legen, den Rest grob hacken.

Ziegenkäse in Taler schneiden, pfeffern und im gehackten Bärlauch wenden. Auf 4 Teller je einen Käsetaler legen, die Hälfte der Radieschenscheiben darauf verteilen, noch einen Taler auflegen und mit Radieschen den Turm abschließen. Jedes Türmchen mit Olivenöl beträufeln und mit dem restlichen Bärlauch, bzw. dem Bärlauchblatt dekorieren.

Crostini mit Zwiebel-Portwein-Confit

Zutaten für 12 Stück
400 g Rote Zwiebeln
1 Bund Frühlingszwiebeln
1 rote Chilischote
50 g Zucker
60 g Butter
125 ml Portwein
5 EL Kalbsfond aus dem Glas
2 EL Rotweinessig
Salz
1 Ciabatta-Brot

Zwiebeln pellen und längs vierteln. Frühlingszwiebeln putzen und in etwa 3 cm lange Stücke schneiden. 2 hellgrüne Stückchen zum Garnieren beiseite legen. Chilischote entkernen und in feine Streifen schneiden. Zucker in einem Topf schmelzen und hellgold werden lassen, die Butter zugeben und zerlassen. Die Zwiebeln mit der Chilischote darin andünsten, mit Portwein, Fond und Essig ablöschen. Bei mittlerer Hitze etwa 30 Minuten einkochen. Salzen und zum Schluss die Frühlingszwiebeln noch kurz mitgaren. Ciabatta in 12 Scheiben schneiden und rösten. Das Confit auf den Scheiben verteilen. Die restlichen Frühlingszwiebeln längs in dünne Streifen schneiden und damit die Crostini garnieren. Schnell servieren.

Lauch gebraten mit Senfbutter

Zutaten

5 – 6 Lauchstangen
50 g weiche Butter
1 EL körniger Senf
Zitronenpfeffer
Salz
Pfeffer, frisch gemahlen

Tipp

Schmeckt auch als Beilage zu Gegrilltem.

Die Lauchstangen putzen, dabei die dunkelgrünen Teile abschneiden, weil nur die weißen und hellgrünen Teile benötigt werden. Lauch längs halbieren, gründlich waschen und schräg in etwa 10 cm lange Stücke schneiden.

40 g Butter mit Senf und Zitronenpfeffer mischen, abschmecken. Die restliche Butter in einer Pfanne zerlassen und die Lauchstücke darin bei mittlerer Hitze braten, bis sie fast gar sind, aber noch etwas Biss haben. Dabei nach und nach die Senfbutter auf dem Lauch verteilen. Zum Abschluss mit Salz und Pfeffer würzen. Mit frisch aufgebackenem Walnuss-Ciabatta oder Baguette servieren.

Knusprige Selleriesticks

Zutaten

1 Ei
100 g gemahlene Mandeln
3 EL Parmesan, frisch gerieben
3 EL gehackte Petersilie
Salz, Pfeffer, frisch gemahlen
2 EL Zitronensaft
450 g Knollensellerie
Sonnenblumenöl zum Frittieren
Grobes Meersalz

Tipp

Dazu passt der Senf-Honig-Dip von Seite 36.

Das Ei in einem tiefen Teller verschlagen. In einem anderen tiefen Teller Mandeln, Parmesan und Petersilie vermischen, mit Salz und Pfeffer würzen. Eine Schüssel mit Wasser füllen und den Zitronensaft zufügen. Sellerie schälen und in etwa 1 cm breite und 5 cm lange Stifte schneiden. Sofort ins Zitronenwasser legen, damit sie nicht braun werden.

In einer Friteuse oder einem großen Topf das Öl auf 180 °C erhitzen. Die Selleriestreifen portionsweise aus dem Wasser nehmen und trocken tupfen. Dann erst in dem verschlagenen Ei und anschließend in der Mandelmischung wenden. Jeweils 2 – 3 Minuten goldgelb frittieren. Auf Küchenkrepp abtropfen lassen und warm halten, bis alle Selleriesticks frittiert sind. Mit dem Salz bestreuen und sofort servieren.

Pastinaken-Senf-Suppe

Zutaten

1 Zwiebel
700 g Pastinaken
40 g Butter
1 TL Koriander, gemahlen
1/2 TL Kreuzkümmel
1/2 TL Kurkuma
1000 ml Hühnerbrühe
Salz, Pfeffer
150 ml Sahne
2 Knoblauchzehen
2 TL Senfkörner
1 EL Sonnenblumenöl

Die Zwiebel pellen und würfeln. Pastinaken schälen und in Würfel schneiden. Butter in einem Topf zerlassen und die Zwiebel und Pastinaken darin andünsten. Gewürze zufügen und kurz anschwitzen lassen, dann die Brühe zugießen. Salzen, pfeffern und zugedeckt etwa 30 Minuten köcheln lassen, bis die Pastinaken weich sind.

Die Suppe fein pürieren und die Sahne zufügen. Nochmals erhitzen und abschmecken.

Knoblauch pellen und in feine Streifen schneiden, mit den Senfkörnern im heißen Öl anrösten, bis die Körner springen. Über die Suppe geben und sofort servieren.

Kohlrübeneintopf mit Gänsekeulen

Klassiker aus Mecklenburg-Vorpommern

Zutaten

4 Gänsekeulen
Salz
Pfeffer, frisch gemahlen
1200 g Kohlrüben
500 g festkochende Kartoffeln
Zucker
500 ml Geflügelbrühe
3 Möhren
3 Petersilienwurzeln
2 Lauchstangen
1 Bund Petersilie

Die Keulen waschen, trocken tupfen, salzen und pfeffern und in einem großen Schmortopf ohne zusätzliches Fett rundherum anbraten. Kohlrübe und Kartoffeln schälen und in etwa 1,5 cm große Würfel schneiden.

Keulen aus dem Topf nehmen und im Gänsefett Kohlrüben und Kartoffeln andünsten. Mit einer Prise Zucker würzen, Brühe zugießen und die Keulen darauf legen. Alles aufkochen und zugedeckt etwa 45 Minuten schmoren.
Restliches Gemüse putzen, waschen und in Scheiben schneiden. Rund um die Gänsekeulen verteilen und 20 Minuten weiterschmoren. Zum Schluss alles mit Salz und Pfeffer abschmecken und mit gehackter Petersilie bestreut servieren.

Kohlrüben-Curry-Süppchen mit Hähnchennuggets

Zutaten

800 g Kohlrübe
2 Knoblauchzehen
2 cm frischer Ingwer
4 EL Öl
2 TL Currypulver
800 ml Hühnerbrühe
400 ml Kokosmilch, ungesüßt
2 TL Zitronensaft
Salz
Pfeffer, frisch gemahlen
250 g Hähnchenbrustfilets
2 EL gezupfte Korianderblättchen

Die Kohlrübe schälen und in etwa 2 cm große Würfel schneiden. Den Knoblauch pellen und fein hacken. Ingwer schälen und ebenfalls fein hacken. In einem Topf 2 EL Öl erhitzen, darin die Kohlrübenwürfel, Knoblauch und Ingwer andünsten. Currypulver darüber stäuben und anschwitzen. Die Brühe dazugießen und alles zugedeckt 20–25 Minuten köcheln lassen, bis die Kohlrübenwürfel weich sind. 8–10 große Würfel beiseite nehmen. Die Suppe mit dem Schneidstab fein pürieren, Kokosmilch und Zitronensaft zugeben. Die Suppe noch einmal aufkochen lassen und mit Salz und Pfeffer abschmecken.

Die Hähnchenbrustfilets waschen, trocken tupfen und in etwa 2 cm große Stückchen schneiden. Restliches Öl erhitzen und die Geflügelstückchen in zwei Portionen nacheinander jeweils 5–7 Minuten bei mittlerer Hitze braten, bis sie gar sind.

Die ganzen Kohlrübenwürfel in feine Würfelchen schneiden.

Die Hähnchennuggets in vorgewärmte tiefe Teller geben, die Suppe rundherum gießen und mit den Korianderblättchen und Kohlrübenwürfelchen bestreut servieren.

Schlanke Kohlsuppe

Zutaten für 1 – 2 Tage, je nach Hunger

500 g Wirsingkohl
1 Lauchstange
4 Navets, oder andere weiße Rüben
3 Stangen Staudensellerie
250 g Möhren
2 Knoblauchzehen
4 EL Olivenöl
2 getrocknete Chilischoten
1,5 l Gemüsebrühe
4 Strauchtomaten
1 rote Paprikaschote
grobes Meersalz
schwarzer Pfeffer, frisch gemahlen
1 Bund Petersilie

Kohl, Lauch, Navets und Staudensellerie waschen, putzen und klein schneiden. Möhren schälen und in Scheiben schneiden. Knoblauch pellen und hacken.

2 EL Olivenöl in einem großen Topf erhitzen und alles mit den Chilischoten anschwitzen. Mit Gemüsebrühe auffüllen und zugedeckt bei mittlerer Hitze 20 Minuten köcheln lassen.

Die Tomaten in heißem Wasser überbrühen, häuten und achteln. Paprika waschen, entkernen und klein schneiden. Beides in die Suppe geben und 5 Minuten ziehen lassen. Die Suppe mit dem restlichen Olivenöl binden, mit Salz und Pfeffer abschmecken. Petersilie waschen, trocken tupfen, grob hacken und zu Suppe geben.

Tipp: Von der Suppe immer essen, wenn der Appetit kommt, morgens, mittags und abends. Im Kühlschrank aufbewahren und nach Bedarf heiß machen. Und viel Mineralwasser trinken nicht vergessen!

Mangold-Kartoffel-Suppe mit Käsetalern

Zutaten

250 g Stielmangold
1 Lauchstange
250 g Kartoffeln, mehligkochend
1 Knoblauchzehe
1 EL Butter
1 TL Mehl
1 l heiße Gemüsebrühe
Salz
Pfeffer, frisch gemahlen
Muskatnuss, frisch gerieben
60 ml Sahne
2 große Scheiben Bauernbrot
4 EL geriebener Emmentaler
1 Zweig frischer Majoran

Den Mangold gründlich waschen, die Blätter von den Stielen trennen und in grobe Streifen schneiden. Von den Stielen die Fäden abziehen, in 1 cm große Stücke schneiden. Porree putzen, gründlich waschen und in Ringe schneiden. Die Kartoffeln schälen und in kleine Würfel schneiden. Knoblauch pellen und klein hacken.

Die Butter in einem Topf erhitzen, darin den Porree, Mangoldstiele und Knoblauch glasig dünsten. Kartoffeln zugeben und kurz mitdünsten. Das Mehl überstäuben, anschwitzen und alles mit der Gemüsebrühe auffüllen. Zudecken und bei milder Hitze etwa 10 Minuten köcheln lassen, dann die Mangoldblätter zugeben und weitere 10 Minuten garen.

Die Hälfte der Suppe mit dem Mixer pürieren, zurück in den Topf geben. Sahne unterrühren und die Suppe mit Salz, Pfeffer und Muskatnuss kräftig abschmecken.

Die Bauernbrotscheiben toasten und mit einem mittleren Glas 4 Brottaler ausstechen. Auf die Taler den Käse verteilen und unter einem Tischgrill oder bei 200 °C im Ofen überbacken.

Die Suppe auf 4 tiefe Teller oder in Suppenschalen verteilen, jeweils einen Käsetaler darauf setzen und mit Majoranblättchen bestreut servieren.

Fischfilet im Gemüsesud

Zutaten

1 Zwiebel
400 ml trockener Weißwein
1 EL Senfkörner
5 schwarze Pfefferkörner
800 ml Gemüsebrühe
Salz
3 Möhren
2 Petersilienwurzeln
3 Stangen Staudensellerie
600 g Fischfilet, z.B. Kabeljau

Zwiebel pellen, fein würfeln und mit dem Weißwein sowie den Senf- und Pfefferkörnern in einem Topf zum Kochen bringen. 2 Minuten köcheln lassen, und dann durch ein Sieb gießen, dabei den Sud auffangen. Den Weinsud zusammen mit der Gemüsebrühe wieder in einen Topf geben und mit etwa 10 Senfkörnern aus dem Sieb erneut aufkochen, mit Salz kräftig abschmecken.

Die Möhren und Petersilienwurzeln schälen und in dünne Stifte oder feine längliche Streifen schneiden. Staudensellerie waschen, putzen, dabei harte Fäden abziehen und die Stangen in schräge Stückchen schneiden. Sellerieblätter aufheben. Das Gemüse im Sud zugedeckt etwa 5 Minuten bei geringer Hitze gar kochen.

Die Fischfilets in mundgerechte Stücke schneiden, mit Salz und Pfeffer würzen und im heißen Gemüsesud etwa 4 Minuten ziehen lassen. Der Sud darf nicht mehr kochen! Die Fischstücke zusammen mit dem Gemüsesud in tiefe Teller füllen und mit Sellerieblättern garniert servieren. Dazu passt frisches Brot.

Tipp: Auch Filets von anderen Fischen, wie Heilbutt oder Rotbarsch, eignen sich für dieses Rezept

Rote-Bete-Suppe

Zutaten

1500 g rote Bete
Salz
2 Zwiebeln
30 g Butter
750 ml Hühnerbrühe
Pfeffer, frisch gemahlen
2 EL Zitronensaft
1 Bund Schnittlauch
150 g saure Sahne

Die roten Bete waschen und in Salzwasser je nach Größe 30–40 Minuten garen. Zum Abkühlen in eine Schüssel mit kaltem Wasser legen.

Die Zwiebeln pellen und fein würfeln. Rote Bete direkt in der Schüssel mit dem kalten Wasser pellen, dann aus dem Wasser nehmen und fein würfeln. 4 EL Rote-Bete-Würfel beiseite stellen.

In einem Topf die Butter zerlassen, Zwiebel- und Rote-Bete-Würfel darin andünsten. Mit der Brühe auffüllen und 10 Minuten bei kleiner Hitze zugedeckt köcheln lassen. Danach mit dem Mixer pürieren, die Hälfte der sauren Sahne unterrühren, mit Salz, Pfeffer und Zitronensaft abschmecken.

Schnittlauch in feine Röllchen schneiden. Die heiße Suppe auf vier Teller verteilen. Auf die Suppe jeweils einen letzten Klecks saure Sahne geben und Schnittlauch sowie die restlichen roten Bete darüber streuen.

Spargel-Kartoffel-Suppe mit Lachs

Gemüsezutaten

250 g weißer Bio-Spargel
10 g Butter
800 ml Geflügelfond aus dem Glas
300 g Kartoffeln, mehligkochend
100 ml Sahne
Salz
Pfeffer, frisch gemahlen
Muskatnuss, frisch gerieben
80 g Räucherlachs
1 Bund Dill

Den Spargel waschen und schälen und in Stücke schneiden. Butter in einem Topf erhitzen, Spargelschalen und -abschnitte kurz andünsten, den Fond zugeben und bei milder Hitze ohne Deckel etwa 30 Minuten köcheln lassen. Kartoffeln schälen, waschen und würfeln. Die Spargelbrühe durch ein Sieb gießen, Kartoffelwürfel darin 20 Minuten gar kochen. Danach in der Brühe pürieren, Sahne zugeben und mit den Gewürzen abschmecken. Spargelstücke zugeben und 10 Minuten in der Suppe garen.

Den Lachs in Streifen schneiden, Dill waschen, trocken tupfen, die Blättchen abzupfen und grob hacken. Die Suppe in vorgewärmte Teller füllen, Lachs und Dill darüber streuen und sofort servieren.

Tipp: Wenn Sie keinen Bio-Spargel kaufen können, verzichten Sie auf das Kochen der Schalen, weil sich Schadstoffe darin befinden können. Die Kartoffeln dann so im Gemüsefond garen.

Eintopf mit Rübchen und Möhren

Zutaten für 4 – 6 Personen

1000 g Kasselerkamm
500 g Möhren
500 g weiße Rübchen (Navets)
250 g Zwiebeln
700 g Kartoffeln, festkochend
1 großer Bund Petersilie
Salz
Pfeffer, frisch gemahlen
1 – 2 TL Senf
100 g Crème fraîche
2 EL frisch geriebener
Meerrettich

Den Kasselerkamm in gut 1 l kaltem Wasser im offenen Topf zum Kochen bringen. Den Schaum abschöpfen und das Fleisch zugedeckt bei milder Hitze 1 Stunde köcheln lassen.

Inzwischen die Möhren schälen, waschen und in dicke Scheiben schneiden. Rübchen ebenfalls schälen und in Spalten schneiden. Zwiebeln pellen und längs in Streifen schneiden, Kartoffeln schälen, waschen und mit Wasser bedeckt beiseite stellen. Möhren, Rübchen und Zwiebeln zum Fleisch geben und alles weitere 30 Minuten köcheln lassen. Die Petersilie waschen, trocken tupfen und von den Stängeln zupfen.

Fleisch aus dem Topf nehmen und etwas abkühlen lassen. Die Kartoffeln grob reiben und in die Suppe geben. Fleisch vom Knochen schneiden und würfeln, wieder in den Topf geben. Alles nochmals 20 Minuten bei milder Hitze ziehen lassen, zum Schluss die Petersilie zugeben und den Eintopf kräftig mit Salz, Pfeffer und Senf würzen. Crème fraîche und Meerrettich verrühren und mit dem Eintopf servieren.

Petersilienwurzelcreme »Weiß-Grün«

Zutaten

750 g Petersilienwurzeln
2 Schalotten
1 EL Butter
900 ml Gemüsebrühe
100 ml Sahne
Salz
Muskatnuss, frisch gerieben
1 Bund Petersilie

Die Petersilienwurzeln schälen, abspülen und klein schneiden. Die Schalotten pellen, fein würfeln. Butter in einem Topf schmelzen lassen und die Wurzelstückchen zusammen mit den Schalotten darin andünsten. Die Gemüsebrühe zugießen und das Gemüse etwa 15 Minuten weich kochen. Danach die Suppe mit dem Mixer fein pürieren. Sahne unterrühren und mit Salz und Muskatnuss abschmecken.

Die Petersilie waschen, trocken tupfen und hacken. Die Hälfte der Suppe abnehmen und mit der Petersilie zum zweiten Mal pürieren. Die weiße und die grüne Suppe noch mal getrennt erwärmen. Nun zuerst die weiße Suppe in vier vorgewärmte Teller geben, danach die grüne vorsichtig an die Seite gießen. Um einen hübschen Effekt zu erreichen, die beiden Suppen etwas miteinander verrühren.

Schwarzwurzelsuppe mit Räucherforelle

Zutaten
4 EL Zitronensaft
400 g Schwarzwurzeln
2 Möhren, mittelgroß
Salz
20 g Butter
30 g Mehl
100 g Schlagsahne
1 Eigelb
Pfeffer, frisch gemahlen
2 geräucherte Forellenfilets
1 Schälchen Kresse

In einen Liter Wasser 1 EL Zitronensaft mischen. Die Schwarzwurzeln unter fließendem Wasser kräftig abbürsten und mit Gummihandschuhen schälen. Sofort ins Zitronenwasser legen, damit sie sich nicht verfärben. Möhren schälen, waschen und würfeln. Schwarzwurzeln in schräge, etwa 2–3 cm große Stücke schneiden. 750 ml Salzwasser mit 2 EL Zitronensaft zum Kochen bringen, die Schwarzwurzeln zugeben und 20 – 25 Minuten garen. Die Möhren nach ca. 10 Minuten Garzeit zufügen. Das Gemüse abgießen, dabei den Sud auffangen.

Die Butter in einem Suppentopf erhitzen, das Mehl darin anschwitzen und mit dem Gemüsesud ablöschen, aufkochen und 5 Minuten köcheln lassen. Sahne und Eigelb verquirlen. In die nicht mehr kochende Suppe rühren, mit Salz, Pfeffer und Zitronensaft abschmecken. Gemüse darin erwärmen. Forellenfilets in kleine Stücke zerpflücken. In vorgewärmte Teller geben, mit der Suppe auffüllen und mit Kresse bestreut servieren.

Zitronige Hühnersuppe mit Lauch und Möhren

Zutaten

400 g Lauch
200 g Möhren
400 g Hähnchenbrustfilet
2 EL Öl
1250 ml Hühnerbrühe
Salz
Pfeffer, frisch gemahlen
100 g Suppennudeln
100 ml Sahne
2 Eigelb
1 Zitrone, unbehandelt
1–2 EL Zitronensaft
1 Prise Zucker
1 Bund Petersilie, gehackt

Lauch putzen, längs halbieren und gründlich waschen, in Ringe schneiden. Die Möhren schälen, waschen, ebenfalls längs halbieren und in Scheiben schneiden.

Das Hähnchenfleisch waschen, trocken tupfen und in mundgerechte Stücke schneiden. Öl in einem breiten Topf erhitzen und das Hähnchenfleisch darin nicht zu scharf anbraten. Lauch und Möhren dazugeben und kurz mitdünsten. Die Brühe zugießen, alles aufkochen lassen, salzen und pfeffern. Zudecken und die Suppe etwa 10 Minuten kochen lassen. Die Nudeln zugeben und weitere 5 Minuten kochen lassen.

Die Schale von der Zitrone abreiben. Sahne, Eigelb, Zitronenschale und 1 EL Zitronensaft verquirlen, die Suppe damit legieren. Nochmals vorsichtig erhitzen, aber nicht kochen lassen. Mit Salz, Pfeffer, Zucker und eventuell noch etwas Zitronensaft abschmecken. Mit der gehackten Petersilie bestreut servieren.

Topinambursuppe mit Nuss-Croutons

Zutaten

8 –10 Topinamburknollen
1 EL Zitronensaft
1 Zwiebel
75 g Butter
400 ml Milch
400 ml Gemüsefond
Salz
Pfeffer, frisch gemahlen
Muskatnuss, frisch gemahlen
200 ml Sahne
1 EL frische Majoranblättchen
2 dicke Scheiben Graubrot
30 g gemahlene Haselnüsse

Die Topinamburknollen schälen, grob würfeln und in eine Schüssel mit 1 l Wasser und dem Zitronensaft geben, damit sie sich nicht verfärben. Zwiebel pellen und fein würfeln.

Topinamburwürfel abtropfen lassen und trocken tupfen. In einem Topf 60 g Butter schmelzen, Topinambur- und Zwiebelwürfel darin etwa 10 Minuten andünsten. Milch und Gemüsefond zugeben, mit Salz, Pfeffer und Muskatnuss würzen. Alles bei geringer Hitze köcheln lassen, bis die Topinamburwürfel weich sind.

Suppe fein pürieren und durch ein Sieb passieren. Aufkochen lassen, die Sahne einrühren, mit dem fein gehackten Majoran würzen und noch mal abschmecken.

Graubrot in kleine Würfel schneiden und in der restlichen Butter zusammen mit den gemahlenen Haselnüssen rösten. Die Suppe in vorgewärmten Tellern mit den Nuss-Croutons bestreut servieren.

Warmer Zwiebelsalat mit Rucola

Zutaten

150 g Rucola
3 rote Zwiebeln
8 Scheiben Bacon
1 EL Olivenöl
40 g Pinienkerne
Salz
Pfeffer, frisch gemahlen
Aceto balsamico
Parmesan im Stück

Vom Rucola die langen Stiele abknipsen, welke Blätter aussortieren, danach waschen und trocken schleudern. Die Zwiebeln pellen und längs achteln.

In einer Bratpfanne die halbierten Baconscheiben bei mittlerer Hitze in zwei Portionen ohne Fett knusprig braten, aus der Pfanne nehmen und beiseite stellen. Das Olivenöl in der Pfanne erhitzen, Zwiebelachtel und Pinienkerne hineingeben und beides etwa 5 Minuten braten, bis die Zwiebeln gebräunt sind. Großzügig mit Aceto balsamico ablöschen, pfeffern und vorsichtig salzen, weil der Bacon schon salzig ist.

In einer Schüssel den Rucolasalat, Zwiebeln, Pinienkerne und Bacon mischen. Entweder auf vier Teller verteilen oder in der Schüssel lassen und mit frisch gehobeltem Parmesan bestreut servieren.

Tipp: Den Salat sofort servieren, weil er besonders schnell zusammenfällt.

Radieschen-Wurstsalat

Zutaten
1 Bund Radieschen
8 Cornichons
1 Zwiebel
300 g Fleischwurst
1 Bund Schnittlauch
2 EL Sud von den Cornichons
2 EL Weißweinessig
2 TL Senf mittelscharf
Salz
Pfeffer, frisch gemahlen
1 Prise Zucker
3 EL Rapsöl

Die Radieschen waschen, putzen und in Scheiben schneiden, ebenso die Cornichons. Zwiebel pellen und in dünne Ringe schneiden. Fleischwurst in dünne Scheiben schneiden oder würfeln. Schnittlauch waschen, trocken tupfen und in Röllchen schneiden. Gurkensud, Essig, Senf und die Gewürze verrühren, das Öl zuletzt unterrühren. Die Salatsauce abschmecken. Alle Zutaten in einer Schüssel gut mischen und den Salat mindestens 30 Minuten durchziehen lassen. Nochmals abschmecken und mit Brezeln oder knusprigem Bauernbrot servieren.

Tipp: Anstatt Fleischwurst schmeckt der Salat auch mit Resten vom Tafelspitz.

Vegetarischer Klassiker

Waldorfsalat

Zutaten
2 feste säuerliche Äpfel,
am besten rot
3 EL Zitronensaft
300 g Sellerie
5 EL leichte Mayonnaise
oder Salatcreme
100 g grob gehackte Walnüsse
Pfeffer frisch gemahlen
grüne Salatblätter

Die ungeschälten Äpfel entkernen, in Scheiben und dann in feine Streifen schneiden. Sofort mit dem Zitronensaft beträufeln, damit sie nicht braun werden. Sellerie waschen, schälen und ebenfalls in feine Streifen schneiden. Äpfel, Sellerie und Nüsse gut mit der Mayonnaise mischen. Vier Teller mit den Salatblättern garnieren, den Waldorf-Salat darauf verteilen. Mit frischem Baguette oder Ciabatta servieren.

Variationen: Statt Sellerieknolle kann auch Stangensellerie verwendet werden. Neben Walnüssen schmeckt der Salat ebenfalls mit Haselnüssen.

Topinambur-Chips auf Feldsalat

Zutaten

300 g Topinambur
5 EL Olivenöl
1 Knoblauchzehe
3 EL Walnusskerne
1 Zitrone
6 getrocknete Tomaten in Öl eingelegt
grobes Meersalz
Pfeffer, frisch gemahlen
125 g Feldsalat

Die Topinamburknollen waschen, schälen und in dünne Scheiben schneiden. In 2 EL Olivenöl braten, bis sie goldgelb sind. Die Knoblauchzehe pellen und gepresst in das Olivenöl geben. Die Topinambur-Chips noch mal darin wenden, aus der Pfanne nehmen, auf Küchenkrepp abtropfen und abkühlen lassen, bis sie lauwarm sind.

Walnusskerne vierteln und in einer Pfanne ohne Fett anrösten. Zitrone auspressen, das Öl von den getrockneten Tomaten abtropfen lassen und diese in etwa 1 cm große Würfel schneiden. Aus Zitronensaft, den Tomatenstückchen, Meersalz, Pfeffer und dem restlichen Öl eine Marinade herstellen.

Feldsalat putzen, waschen und trocken schleudern. Auf großen Tellern mit den Topinambur-Chips anrichten, mit der Marinade beträufeln und mit den Walnusskernen bestreut servieren.

Gelingt leicht mit einem Kugelausstecher

Steckrübenkugeln mit Safran

Zutaten

1 Steckrübe (600 – 700 g)
200 ml Gemüsefond
1 Msp. Safranfäden
Salz
20 g Butter
1 TL Korianderblättchen
Pfeffer, frisch gemahlen

Tipps

Die Steckrübenkugeln zu Gänse- oder Entenbraten servieren. Die Korianderblättchen lassen sich durch Petersilie ersetzen.

Die Steckrübe waschen und halbieren, sie braucht nicht geschält zu werden. Mit einem Kugelausstecher möglichst gleichmäßige Kugeln aus dem Fruchtfleisch herauslösen. Den Gemüsefond zusammen mit den Safranfäden aufkochen und die Steckrübenkugeln darin 3 – 4 Minuten bissfest blanchieren. Kalt abschrecken und abtropfen lassen.

In einer breiten Pfanne die Butter schmelzen lassen und die Kugeln darin kurz schwenken. Mit Salz und Pfeffer würzen und mit klein gezupften Korianderblättchen servieren.

Steckrübensalat mit Kürbiskernen

Zutaten

200 g Zwiebeln
Salz
400 g Steckrübe
3 kräftige Frühlingszwiebeln
4 EL Weißweinessig
Pfeffer, frisch gemahlen
30 ml Kürbiskernöl
30 ml Rapsöl
30 g Kürbiskerne
1 Bund Petersilie

Zwiebel pellen, quer in feine Ringe schneiden. Die Steckrübe schälen, in dünne Scheiben und dann in feine, etwa 4 cm lange Stifte schneiden. Die Steckrübenstifte in kochendem Salzwasser gut eine Minute blanchieren, in Eiswasser abschrecken und abtropfen lassen. Die Frühlingszwiebeln putzen, die hellen Teile schräg in feine Ringe schneiden.

Aus Essig, Salz, Pfeffer und den beiden Ölen eine Marinade rühren. Die Steckrübenstifte und die Zwiebelringe mit der Marinade mischen und 30 Minuten durchziehen lassen.

Die Kürbiskerne in einer Pfanne ohne Fett rösten, bis sie duften. Petersilie waschen, trocknen, von den Stängeln zupfen, und grob hacken. Kürbiskerne, Petersilie und Frühlingszwiebeln zu den Steckrüben geben und alles gut mischen. Mit kräftigem Bauernbrot servieren.

Tipp: Eine kleine Mahlzeit wird der Steckrübensalat mit einigen Scheiben geräucherter Gänsebrust oder luftgetrockneter Bresaola.

Vegetarisch

Wurzeln und Knollen aus dem Ofen

Zutaten

250 g Karotten
250 g Pastinaken
250 g Sellerieknolle
300 g kleine Kartoffeln, festkochend
6 – 8 EL Olivenöl
1 Zweig frischer Rosmarin
2 Zweige frischer Thymian oder $^1/_2$ TL getrockneter Kreuzkümmel, gemahlen
1 TL Honig
5 Koriandersamen
Grobes Meersalz
Pfeffer, frisch gemahlen
1 EL Zitronensaft

Das Gemüse waschen und schälen. Karotten, Pastinaken und Kartoffeln längs vierteln, Sellerie in Stifte schneiden, die Stücke sollten ähnlich groß sein, damit die verschiedenen Gemüsesorten zur gleichen Zeit gar sind. Nun jede Sorte in eine kleine Schüssel geben und einzeln würzen. Den Backofen auf 220 °C vorheizen.

Für die Karotten 1 – 2 EL Olivenöl mit klein gehackten Rosmarinnadeln und einer Prise Kreuzkümmel verrühren, unter die Karotten mischen, salzen und pfeffern.

Die Pastinaken und Selleriestifte mit einer Mischung aus 2 – 4 EL Olivenöl, dem Honig und zerrebeltem Thymian, Salz und Pfeffer würzen.

Zu den Kartoffeln 1 – 2 EL Olivenöl, zerstoßene Koriandersamen sowie Salz und Pfeffer geben.

Nun die Gemüsesorten nebeneinander auf ein Backblech oder in einer großen Gratinform verteilen, mit dem Zitronensaft beträufeln und mit Alufolie abdecken. Im heißen Ofen 25 Minuten backen, dann die Folie abnehmen und noch etwa 30 Minuten weiterbacken, bis das Gemüse gar ist und eine schöne Farbe hat.

Tipp: Das Ofengemüse schmeckt auch lauwarm. Es passt gut auf ein Antipasti-Buffet.

Glasierte Rübchen

Feinschmeckergemüse aus Brandenburg

Zutaten
800 g Teltower Rübchen oder Navets
40 g Butter
2 EL Zucker, gestrichen
250 ml Fleischbrühe
1 EL Weißweinessig
Salz
Pfeffer, frisch gemahlen

Die Rübchen sorgfältig schaben, waschen und längs vierteln. In einer großen Pfanne die Butter schmelzen lassen, den Zucker zugeben und hell karamellisieren. Mit Fleischbrühe und Essig ablöschen, aufkochen und die Rübchen darin dünsten, bis die Flüssigkeit fast verdampft ist. Sie sollen appetitlich glänzen. Mit Salz und Pfeffer abschmecken und heiß servieren.

Tipp: Die Rübchen schmecken zu Fleisch- und Geflügelgerichten.

Rotweinschalotten

Zutaten
600 g Schalotten
1 TL Rosmarinnadeln
40 g Butter
150 ml Rotwein
40 ml Balsamessig
1 TL Dijonsenf
Salz
Pfeffer, frisch gemahlen
2 EL Johannisbeergelee

Die Schalotten pellen und eventuell halbieren, Rosmarinnadeln fein hacken. In einem Topf die Butter schmelzen und die Schalotten darin glasig dünsten. Mit Portwein und Balsamessig ablöschen, Rosmarin zugeben und alles bei milder Hitze einkochen lassen, bis der Sud dickflüssig ist. Senf und Johannisbeergelee unterrühren und mit Salz und Pfeffer abschmecken.

Tipp: Schmeckt zu kurzgebratenem Fleisch, gebratener Leber und zu großen Braten.

Schwarzwurzel-Steinpilz-Gemüse

Zutaten

30 g getrocknete Steinpilze
3 Zitronen
1500 g Schwarzwurzeln
Salz
40 g Butter
1 EL Mehl
200 ml Sahne
Pfeffer, frisch gemahlen
2 EL gehackte Petersilie

Die Steinpilze in 300 ml lauwarmem Wasser einweichen. Zitronen auspressen. Eine Schüssel mit 2 l kaltem Wasser füllen und 4 EL Zitronensaft zugeben. Die Schwarzwurzeln waschen und dann mit Gummihandschuhen unter fließendem Wasser schälen. In etwa 4 cm lange Stücke schneiden und sofort in das Zitronenwasser legen, damit der austretende Milchsaft die Wurzeln nicht braun färbt. Weitere 2 l Wasser mit 3 EL Zitronensaft aufkochen, Salz und Schwarzwurzelstücke zugeben und bei mittlerer Hitze etwa 20 Minuten zugedeckt garen.

Die eingeweichten Steinpilze in ein feines Sieb geben, dabei das Wasser auffangen. Pilze grob zerschneiden, vom Einweichwasser 200 ml abmessen. Auch die Schwarzwurzeln abgießen, von dem Gemüsefond ebenfalls 200 ml abmessen. In einem Topf die Butter zerlassen, Mehl zugeben, mit dem Schneebesen einrühren und leicht anschwitzen lassen, ohne dass die Mehlschwitze Farbe nimmt. Nacheinander erst das Einweichwasser unter Rühren zugießen, dann die Sahne und den Schwarzwurzelfond unterrühren. Die Sauce aufkochen lassen und unter Rühren 5 Minuten köcheln lassen.

Steinpilze und Schwarzwurzeln in der Sauce geben und erhitzen, mit Salz, Pfeffer und dem restlichen Zitronensaft abschmecken und mit der gehackten Petersilie bestreut servieren.

Tipp: Das Gemüse passt gut zu Salzkartoffeln und einem Kalbsbraten.

Vegetarisch

Rote Bete in der Folie gebacken

Zutaten

4 Knollen Rote Bete,
je ca. 200 g schwer
1 Bund Schnittlauch
200 g Crème fraîche
Salz
Pfeffer, frisch gemahlen

Den Backofen auf 200 °C vorheizen.

Die roten Bete gründlich waschen, dabei die Schale nicht verletzen. Mit Küchenkrepp die Knollen abtrocknen und jeweils fest in ein Stück Alufolie wickeln. Auf dem Rost im heißen Backofen etwa 80 Minuten backen, bis sie gar sind.

In der Zwischenzeit den Schnittlauch waschen, abtrocknen lassen und in feine Röllchen schneiden. Unter die Crème fraîche mischen, mit Salz und Pfeffer abschmecken.

Zum Servieren die Folie entfernen, die roten Bete vierteln und mit der Crème fraîche servieren. Sie können die Knollen auch in der Folie lassen, diese überkreuzt einschneiden, die roten Bete auseinander brechen und je einen EL Crème fraîche darübergeben.

Tipp: Um die sehr lange Backzeit zu verkürzen, können Rote Bete bereits 30 Minuten im Topf wie Pellkartoffeln vorgegart werden. Die Knollen erst dann in Folie einwickeln und im Ofen noch etwa 30 Minuten backen.

Vegetarisch

Pastinaken-Lauch-Gemüse mit Käsekruste

Zutaten

800 g Pastinaken
40 g Butter
250 g Lauch,
nur die weißen Teile
50 ml Weißwein
200 ml Sahne
Salz
Pfeffer, frisch gemahlen
2 – 3 Zweiglein Thymian,
ersatzweise 1 TL getr. Thymian
75 g Käse Parmesan,
frisch gerieben

Die Pastinaken schälen, längs vierteln und in 3–4 cm große Stücke schneiden. In einem Topf die Butter zerlassen, darin die Pastinaken 10 Minuten dünsten.

Inzwischen den Lauch putzen, gründlich waschen und in feine Ringe schneiden. Zu den Pastinaken geben und kurz mitdünsten, mit Weißwein ablöschen. Das Gemüse aufkochen lassen, die Sahne zugießen und alles leise köcheln lassen, bis die Pastinaken weich sind. Thymianblättchen von den Stielen streifen und zum Schluss zugeben, mit Salz und Pfeffer würzen.

Das Gemüse in eine feuerfeste, flache Auflaufform geben, mit dem Parmesan bestreuen und im vorgeheizten Backofen bei 220 °C 15 – 20 Minuten goldbraun überbacken.

Tipp: Gut schmeckt das Gemüse kombiniert mit einem Haselnuss-Risotto. Fleischfreunde braten sich Lammkoteletts dazu.

Zanderfilet mit Kartoffel-Zwiebelragout

Zutaten

800 g Kartoffeln
600 g Zwiebeln
3 Knoblauchzehen
3 EL Butter
1 EL Paprika edelsüß
100 ml Weißwein
800 ml Gemüsebrühe
Salz
Pfeffer frisch gemahlen
4 Zanderfilets mit Haut à 150 g
1 – 2 EL Mehl
3 – 4 EL Pflanzenöl
1 Bund Petersilie
1 EL Zitronensaft

Kartoffeln schälen und in etwa 2 cm große Würfel schneiden. Zwiebeln pellen und jeweils in 8 etwa gleich große Teile schneiden. Die ungeschälten Knoblauchzehen mit dem Messerrücken kurz andrücken. In einer Schmorpfanne die Butter erhitzen und die Zwiebeln darin glasig dünsten. Mit dem Paprikapulver überstäuben, den Weißwein zum Ablöschen zugeben. Ebenfalls Kartoffeln und Knoblauch in die Pfanne geben, mit der Gemüsebrühe auffüllen. Salzen und pfeffern, zudecken und 15 – 20 Minuten weich schmoren.

Die Zanderfilets salzen und pfeffern, die Hautseite mit etwas Mehl bestäuben. Das Pflanzenöl in einer großen Pfanne nicht zu heiß werden lassen und die Fischfilets zuerst auf der Hautseite gute 2 Minuten anbraten.

Den Fisch wenden und auf der anderen Seite 2 Minuten braten. Nochmals wenden und die Hautseite braten, bis sie kross ist.

Petersilie waschen, trocken tupfen und hacken. Mit dem Zitronensaft kurz vor dem Servieren zum Kartoffel-Zwiebelragout geben. Nochmals abschmecken und die Zanderfilets auf dem Ragout anrichten.

Macht Eindruck bei Gästen

Lachsforelle mit Meerrettichkruste und Rote-Bete-Vinaigrette

Zutaten

4 Lachsforellenfilets mit Haut à 175 g
50 g Räucherlachs
1 Bund Dill
2 EL frisch geriebener Meerrettich
100 g Semmelbrösel
Salz
Pfeffer, frisch gemahlen
1 unbehandelte Zitrone
75 g zerlassene Butter
12 Frühlingszwiebeln
2 + 4 EL Olivenöl
1 Rote Bete, gekocht und fein gewürfelt
1 Schalotte, fein gewürfelt
2 EL Weißweinessig

Die Lachsforellenfilets mit einem großen Stück Alufolie abdecken, mit einem Nudelholz vorsichtig etwas platter machen. Die Fischfilets sollen nur etwa 1 cm dick sein. Den Räucherlachs in sehr kleine Stücke schneiden, Dill hacken. In einer flachen Schüssel Räucherlachs, 1 EL vom gehackten Dill, Meerrettich, Semmelbrösel sowie etwas Salz und Pfeffer vermischen. Von der Zitrone die Schale abreiben und aufheben, den Saft auspressen. Die Fischfilets salzen und pfeffern, mit etwas Zitronensaft beträufeln, in der zerlassenen Butter wenden und mit der oberen Seite in die Bröselmischung drücken. In eine ausgebutterte ofenfeste Form legen, mit Klarsichtfolie abdecken und in den Kühlschrank stellen. Backofen auf 200 °C vorheizen.

Die Frühlingszwiebeln putzen und schräg in etwa 5 cm lange Stücke schneiden. In einer Pfanne 2 EL Olivenöl erhitzen, die Frühlingszwiebeln darin bei mittlerer Hitze leicht anbraten, salzen und pfeffern und dann warm halten.

Die Fischfilets im Backofen 8 – 10 Minuten unter den Grill stellen, bis die Bröselkruste knusprig ist.

Für die Vinaigrette die Rote-Bete-Würfel, Schalotten, 1 EL Dill, Essig und 4 EL Olivenöl miteinander vermischen. Mit Salz und Pfeffer abschmecken. Die gebratenen Frühlingszwiebeln auf vier Teller verteilen, darauf die Lachsforellenfilets setzen und mit der Vinaigrette umgießen.

Tipp: Dazu schmeckt Kartoffel- oder Selleriepüree.

Feines Essen für Gäste

Entenbrust auf Wurzelgemüse

Zutaten

2 Entenbrustfilets
1 unbehandelte Orange
2 Zweiglein Thymian
1 Messerspitze Nelkenpulver
Pfeffer, frisch gemahlen
500 gkleine festkochende Kartoffeln
600 g Möhren
250 g Petersilienwurzeln
125 g Sellerieknolle
100 g Schalotten
1 EL Butterschmalz
1 EL Zuckerrübensirup, hell
250 ml heller Portwein
250 ml Geflügelfond
Salz
Öl
1 Bund Petersilie

Die Entenbrustfilets abspülen, mit Küchenkrepp trocknen und die fette Haut im Abstand von 1cm mit einem scharfen Messer einschneiden. Orange mit heißem Wasser waschen, Schale abreiben, Saft auspressen. Thymianblättchen von den Stielen streifen. Orangensaft mit der Schale, Thymianblättchen, Nelkenpulver und Pfeffer mischen. Die Entenbrustfilets mindestens eine Stunde darin marinieren.

Das Gemüse schälen. Kartoffeln halbieren, Möhren und Petersilienwurzeln längs vierteln, Sellerie in Stücke schneiden. Die Schalotten halbieren. In einem Bräter das Butterschmalz und den Sirup geben, portionsweise das Gemüse je 5 Minuten darin dünsten. Zu dem Gemüse Schalotten, Portwein und Fond geben, salzen und pfeffern. Die Orangenmarinade vom Fleisch zugießen, alles aufkochen lassen und 15 Minuten zugedeckt garen.

Backofen auf 250 °C vorheizen. Das Gemüse mitsamt der Flüssigkeit in die Fettpfanne des Ofens geben und auf die unterste Schiene des heißen Backofens stellen. Den Rost einölen. Entenbrustfilets trocken tupfen, salzen, auf den Rost legen und über das Gemüse in den Ofen schieben. Bratzeit 20 Minuten. Zwischendurch das Fleisch zweimal wenden. Entenbrust etwas ruhen lassen und danach in Scheiben schneiden. Die Scheiben auf dem Gemüse anrichten und mit grob gehackter Petersilie bestreuen.

Tipp: Um Zeit zu sparen, kann die Entenbrust schon am Vortag mariniert werden.

Vegetarisches Rezept meiner Freundin Tina

Wirsing-Lasagne

Zutaten

3 große Knoblauchzehen
1 große Zwiebel
3 EL Olivenöl
1 kleiner Wirsingkohl
1 TL gemahlener Kümmel, gestrichen
Salz
Pfeffer, frisch gemahlen
1 große Dose Tomaten
1 Döschen Tomatenmark
1 EL Aceto Balsamico
30 g Parmesan, frisch gerieben
Salz
Pfeffer, frisch gemahlen
10 Basilikumblättchen
etwas Butter für die Auflaufform
200 g Lasagne-Blätter (ohne Vorkochen)
150 g geriebener Käse zum Überbacken, z.B. mittelalter Gouda, gerieben

2 Knoblauchzehen und die Zwiebel pellen, beides fein würfeln und in einer Schmorpfanne mit 2 EL heißem Olivenöl andünsten. Den Wirsingkohl waschen und die äußeren welken Blätter entfernen. Dann vierteln, den Strunk herausschneiden, die Kohlviertel in feine Streifen schneiden und ebenfalls in die Pfanne geben und andünsten. Mit Kümmel, Salz und Pfeffer würzen und etwa 20 Minuten schmoren lassen.

Die Dosentomaten grob zerteilen und mit dem Saft in einen hohen Rührbecher geben. Zusammen mit dem restlichen gehackten Knoblauch und Olivenöl, Tomatenmark, Aceto Balsamico, den Basilikumblättchen zu einer rohen, grob pürierten Tomatensauce verarbeiten. Mit Salz und Pfeffer kräftig abschmecken.

Den Backofen auf 180 °C vorheizen.

Eine feuerfeste Auflaufform mit Butter einfetten, den Boden mit einer dünnen Schicht Tomatensauce bedecken und eine Schicht Lasagne-Blätter einlegen. Auf die Nudeln eine Lage Wirsinggemüse schichten, mit Tomatensauce und geriebenem Käse bedecken und wieder mit den Lasagne-Blättern beginnen. Weiterschichten, bis alle Zutaten verbraucht sind. Auf die letzte Nudelschicht kommen nur noch Tomatensauce und Käse.

Die Wirsing-Lasagne im heißen Ofen etwa 35 Minuten backen, bis sie goldbraun ist. Vor dem Servieren die Lasagne noch 10 Minuten ruhen lassen.

Vegetarisch

Nuss-Spätzle mit Mangold

Zutaten

500 g Stielmangold
1 große Zwiebel
2 Knoblauchzehen
3 EL Olivenöl
100 ml Sahne
Salz
Pfeffer, frisch gemahlen
1 frische rote Chilischote
70 g Walnüsse, grob gehackt
650 g Spätzle aus dem Kühlregal

Tipp

Zu den Spätzle passen auch Haselnüsse und Pinienkerne.

Mangold gründlich waschen, dann die Blätter von den Stielen trennen. Von fasrigen Stielen die Fäden abziehen, in 1 cm große Stücke schneiden und beiseite stellen. Die Blätter in grobe Streifen schneiden.

Zwiebel und Knoblauch pellen, fein würfeln und mit den Mangoldstielen in 1 EL Olivenöl glasig dünsten. Die Blätter zugeben und zusammenfallen lassen. Sahne zugießen und etwa 10 Minuten einkochen lassen, salzen und pfeffern.

Chilischote längs halbieren, Kerne und die weißen Häute entfernen, die Schote in feine längliche Streifen schneiden. In einer großen Pfanne das restliche Olivenöl erhitzen, Walnüsse, Chilischote und die Spätzle darin erhitzen, mit Salz abschmecken. Zusammen mit dem Mangoldgemüse servieren.

Vegetarisch

Tagliatelle mit Gemüsestreifen in Käse-Sauce

Gemüsezutaten

3 Möhren
2 schmale Pastinaken
100 ml Sahne
150 ml Milch
200 g Gorgonzola
1 EL eingelegte grüne Pfefferkörner
Salz
Pfeffer, frisch gemahlen
Zitronensaft
1 Bund glatte Petersilie
500 g grüne Tagliatelle

Möhren und Pastinaken schälen und waschen. Mit dem Sparschäler beide Wurzelgemüse längs in schmale Streifen schneiden. Die Gemüsestreifen in kochendem Salzwasser 2 Minuten blanchieren, abgießen und in Eiswasser abschrecken. Beiseite stellen. Petersilie waschen, trocken tupfen, die Blättchen von den Stielen zupfen und fein hacken. Sahne und Milch in einem Topf erhitzen. Den in Stücken geschnittenen Gorgonzola dazugeben und bei mittlerer Hitze schmelzen lassen, dabei ständig rühren. Hat sich der Käse aufgelöst, die Pfefferkörner untermischen. Die Sauce mit Salz, Pfeffer und Zitronensaft abschmecken und die Gemüsestreifen darin erwärmen.
Tagliatelle in Salzwasser bissfest kochen und abschütten. Mit der Käse-Sauce gut vermischen und mit der Petersilie dekorieren.

Schalotten-Hähnchen in Riesling

Zutaten

1 Hähnchen, ca. 1,5 kg
100 g durchwachsener Speck
250 g Schalotten
2 El Öl
2 EL Mehl
2 cl Weinbrand
1 Lorbeerblatt
700 ml Riesling
125 ml Crème fraîche
Salz
Pfeffer, frisch gemahlen
1 Bund Petersilie, gehackt

Das Hähnchen in acht Teile zerlegen, abspülen und mit Küchenpapier trocken tupfen. Speck würfeln, die Schalotten pellen, aber ganz lassen.

In einem Schmortopf 1 EL Öl erhitzen und den Speck darin bei mittlerer Hitze auslassen. Die Grieben herausnehmen und auf Küchenpapier abtropfen lassen, beiseite stellen.

Die Schalotten im Fett bei milder Hitze etwa 15 Minuten andünsten, dabei ab und zu umrühren. Wenn sie fast weich sind, auch wieder aus dem Schmortopf herausnehmen.

Noch einen EL Öl in den Topf geben und heiß werden lassen. Die Hähnchenteile in 1 EL Mehl wenden, überschüssiges Mehl abschütteln und rundum goldbraun anbraten, mit Weinbrand übergießen und flambieren (dabei den Topf sicherheitshalber vom Herd nehmen).

Lorbeerblatt, Schalotten und Speck zu den Hähnchenteilen in den Topf geben, den Wein angießen und alles zugedeckt etwa 35 Minuten bei milder Hitze schmoren lassen.

Die Hähnchenteile herausnehmen und warm stellen. Das Lorbeerblatt herausfischen und die Sauce einkochen. Restliches Mehl mit der Crème fraîche verrühren und die Sauce damit binden, weitere 5 Minuten köcheln lassen. Salzen und pfeffern, die Hähnchenteile wieder in die Sauce geben und mit der Petersilie bestreut servieren.

Tipp: Dazu passt frisches Baguette oder Reis – und natürlich ein Riesling.

Vegetarisch

Risotto mit gebratenem Spargel

Gemüsezutaten

2 EL Butter
2 Schalotten, fein gewürfelt
400 g italienischer Risotto-Reis
$^1/_4$ l trockener Weißwein
$^3/_4$ l heiße Gemüsebrühe
500 g grüner Spargel
2 EL Rapsöl
Salz
Pfeffer aus der Mühle
Parmesankäse

Die Butter in einem Topf erhitzen, aber nicht braun werden lassen. Die Schalotten darin glasig dünsten. Reis in den Topf streuen und rühren, bis alle Reiskörner mit einem Fettfilm überzogen sind. Mit dem Weißwein ablöschen, das macht den Reis würzig, und fast verdampfen lassen. Nun mit einer Schöpfkelle ein Drittel der Gemüsebrühe unter Rühren zugießen und wieder fast verdampfen lassen. Dabei weiter ab und zu rühren, damit der Reis nicht ansetzt. Den Vorgang wiederholen, bis die Brühe aufgebraucht ist. Das fertige Risotto soll feucht sein. Mit Salz abschmecken.

In der Zwischenzeit den geputzten Spargel schräg in etwa 3 cm lange Stücke schneiden. Das Öl in einer breiten Pfanne erhitzen und die rohen Spargelstücke darin braten, bis sie leicht gebräunt sind. Auch den Spargel leicht salzen und pfeffern.

Die gebratenen Spargelstücke vorsichtig unter das Risotto heben, und auf vorgewärmten Tellern verteilen. Großzügig Parmesan darüber hobeln und servieren.

Tipp: Dieser Risotto schmeckt auch mit gebratenem weißen Spargel. Obwohl schon ohne Beilagen ganz köstlich ist, können Hungrige noch ein gebratenes Lachsfilet dazu servieren.

Heilbuttsteak auf Schwarzwurzelgratin

Zutaten

4 EL Zitronensaft
400 g Schwarzwurzeln
Salz
200 ml Fischfond
220 ml Sahne
1 Eigelb
20 ml Sahne
2 EL Butter
Pfeffer, frisch gemahlen
4 Heilbuttsteaks à 160 g
1 EL Mehl
2 EL Olivenöl
Dillzweiglein zum Garnieren

Eine Schüssel mit 1 l kaltem Wasser füllen und 2 EL Zitronensaft zugeben. Die Schwarzwurzeln waschen und mit Gummihandschuhen unter fließendem Wasser schälen. In etwa 3 cm lange Stücke schneiden und sofort in das Zitronenwasser legen, damit der austretende Milchsaft die Wurzeln nicht braun färbt. 500 ml Wasser mit dem restlichen Zitronensaft aufkochen, Salz und Schwarzwurzelstücke zugeben und bei mittlerer Hitze etwa 20 Minuten zugedeckt garen.

Fischfond mit 200 ml Sahne 10 Minuten einkochen lassen. Die restliche Sahne mit dem Eigelb verquirlen und die Sauce damit binden, sie darf nicht mehr kochen. Backofen auf 220 °C vorheizen.

Schwarzwurzeln abgießen. In einer Pfanne 1 EL Butter schmelzen und die Schwarzwurzeln darin schwenken, mit Salz und Pfeffer abschmecken, und in eine ofenfeste Form geben, mit der Sauce übergießen und im heißen Ofen etwa 10 Minuten überbacken.

Heilbutt salzen und pfeffern, leicht mit Mehl bestäuben und in der restlichen Butter und dem Olivenöl langsam braten, der Fisch soll nicht bräunen. Das fertige Gratin auf vier Teller verteilen, die Heilbuttsteaks darauf setzen mit Dill garniert servieren.

Kartoffeln, Pastinaken und Lammkeule aus dem Ofen

Zutaten für 6 Personen

1500 g frische Lammkeule mit Knochen
4 Knoblauchzehen
10 – 12 Salbeiblättchen
2 Zweige Rosmarin
$^1/_2$ unbehandelte Zitrone
3 EL Olivenöl
grobes Meersalz
Pfeffer, frisch gemahlen
1000 g Kartoffeln
1000 g Pastinaken

Den Backofen auf 225 °C vorheizen. Die Saftpfanne auf die unterste Schiebeleiste stellen, den Rost eine Stufe höher.

Die Lammkeule waschen und trocken tupfen, sichtbares Fett abschneiden. Knoblauchzehen pellen und längs halbieren. Nun die Lammkeule mit den halbierten Zehen und jeweils 1 – 2 Salbeiblättchen spicken. Von den Rosmarinzweigen die Nadeln zupfen, die Hälfte beiseite legen. Zitrone auspressen und den Saft mit den Rosmarinnadeln, 2 EL Olivenöl, Meersalz und Pfeffer mischen und die Lammkeule damit einstreichen. Das Fleisch in den heißen Ofen auf den Rost legen und 20 Minuten braten, zwischendurch einmal drehen. Nun etwas Wasser in die Saftpfanne gießen, die Temperatur auf 200 °C herunterschalten und etwa 40 Minuten weiterbraten.

In der Zwischenzeit die Kartoffeln und Pastinaken schälen und längs vierteln. In Salzwasser 10 Minuten vorgaren, danach durch ein Sieb abgießen. Abdämpfen lassen und in einer Schüssel mit dem restlichen Öl, dem Rosmarin und etwas Meersalz mischen. Die Kartoffel- und Pastinakenspalten nun in die Saftpfanne geben und mit der Lammkeule die letzten 25 Minuten zusammen weiterbraten. Zwischendurch das Gemüse wenden. Zum Ende der Garzeit den Backofen ausschalten, um das Fleisch noch etwa 15 Minuten ruhen zu lassen.

Von der Lammkeule Scheiben abschneiden und zusammen mit den Kartoffel- und Pastinakenspalten servieren.

Tipp: Dazu passt ein kräftiger Rotwein.

Rindfleisch-Rettich-Pfanne

Ein guter Grund, mal wieder den Wok zu benutzen!

Zutaten für 4 Personen

3 - 4 EL Sojasauce
2 EL Reiswein
1 EL Speisestärke
200 g Rettich
3 Frühlingszwiebeln
1 Knoblauchzehe
1 Stückchen Ingwer, etwa 2 cm
4 – 5 EL Öl
2 TL Zucker
3 EL Weißweinessig
4 EL Gemüsebrühe
Sichuan-Pfeffer, frisch gemahlen

Das Fleisch in 1,5 cm dicke Streifen schneiden. 2 EL Sojasauce mit dem Reiswein und der Speisestärke mischen und die Fleischstreifen darin zugedeckt marinieren.

Den Rettich schälen und in 4 cm lange dünne Stifte schneiden, Frühlingszwiebeln putzen und in schräge Ringe schneiden. Knoblauch pellen, Ingwer schälen, beides fein hacken.

Das Öl im Wok oder einer großen Pfanne erhitzen und die Fleischstreifen darin etwa 2 Minuten braten. Aus dem Wok nehmen und warm halten. Die Rettichstifte 1 Minute im Wok anbraten, dann Knoblauch, Ingwer und Frühlingszwiebeln dazugeben und alles weitere 2 Minuten braten. Die restliche Sojasauce, je nach Geschmack 1 oder 2 EL, mit dem Zucker, Essig und der Brühe mischen und zum Gemüse geben. Alles einmal aufkochen lassen, zum Schluss auch das Fleisch kurz in der Mischung erwärmen. Mit Sichuan-Pfeffer bestreut servieren. Dazu passt Reis oder gebratene Eiernudeln.

Tipp: Garnieren Sie das Gericht mit rohen Rettichscheiben, denen Sie Blütenformen geben.

Sellerieschnitzel mit Tomaten-Salsa

Zutaten für die Sellerieschnitzel

2 kleine Sellerieknollen
1 Zitrone, unbehandelt
Salz
Pfeffer, frisch gemahlen
60 g Semmelbrösel
60 g Parmesan, gerieben
100 g Mehl
2 Eier
150 ml Öl zum Ausbraten

Zutaten für die Tomaten-Salsa

500 g reife Tomaten
1 kleine Zwiebel
1 Knoblauchzehe
1 rote Chilischote
1 kl. Bund Basilikum
1 kl. Bund Petersilie
1 EL frische Rosmarinnadeln
1 EL Weißweinessig
3 EL Olivenöl
Salz
1 Prise Zimt

Sellerieknollen schälen, waschen, halbieren und in 1 cm dicke Scheiben schneiden. Zitrone auspressen, den Saft in einen Topf mit Salzwasser geben, darin die Selleriescheiben etwa 15 Minuten kochen. Danach abschrecken, salzen und pfeffern. Die Semmelbrösel mit dem Parmesan mischen. Selleriescheiben erst in Mehl, dann in den verquirlten Eiern wenden. Zum Schluss in der Parmesanmischung. In einer Pfanne das Öl erhitzen und die Scheiben bei mittlerer Hitze goldbraun braten. Auf Küchenkrepp abtropfen lassen und warm halten.

Für die Sauce die Tomaten waschen, vierteln, Stielansätze und Kerne entfernen und klein würfeln. Zwiebel und Knoblauch pellen, Zwiebel fein würfeln, Knoblauch hacken. Die Chilischote längs halbieren, die Kerne und Trennwände entfernen und auch fein hacken. Die Kräuter waschen und trocken tupfen, Blätter von den Stielen zupfen und klein schneiden, Rosmarin besonders fein hacken. Alle Zutaten miteinander vermischen, Essig und Öl unterrühren und die Salsa mit Salz und Zimt abschmecken. Zu den Sellerieschnitzeln servieren.

Tipp: Dazu passen mit Schale gebackene Kartoffelspalten aus dem Backofen.

Vegetarisch

Arabischer Möhrensalat

Zutaten

500 g Möhren
$^1/_8$ l Gemüsebrühe
Salz
Pfeffer
2 EL Zitronensaft
$^1/_2$ TL Kreuzkümmel, gemahlen
4 EL Olivenöl
1 Bund Minze,
ersatzweise glatte Petersilie

Die Möhren waschen, schälen und in dünne Scheibchen schneiden. In der Gemüsebrühe etwa 10–12 Minuten dünsten, sie sollen noch Biss haben.

Aus dem Zitronensaft, den Gewürzen und Olivenöl eine Marinade herstellen und über die noch warmen Möhren geben. Den Salat erkalten lassen und zum Schluss die grob gehackte Minze untermischen.

Dazu passt Fladenbrot.

Schmeckt sowohl heiß als auch kalt

Orientalisches Möhren-Linsen-Gemüse

Zutaten

80 g grüne Linsen
1 Zwiebel
3 Knoblauchzehen
4 Möhren
5 EL Olivenöl
1 TL Koriandersamen
1 EL Tomatenmark
1 TL Zucker
250 ml Wasser
Salz, Schwarzer Pfeffer, frisch gemahlen
1 Bund Dill und Minze
Zitronenschnitze

Die Linsen etwa eine Stunde einweichen. Abtropfen lassen und mit reichlich Wasser 15 Minuten kochen. In ein Sieb geben und abtropfen lassen. Die Zwiebel pellen und in Scheiben schneiden, Knoblauch pellen und hacken. Möhren schälen und in Scheiben schneiden. Olivenöl in einer Pfanne erhitzen, die Zwiebel darin bräunen, Knoblauch, Koriander und Möhren zugeben und alles einige Minuten dünsten. Auch die Linsen zugeben. Danach Tomatenmark, Zucker und Wasser unterrühren und alles etwa 20 Minuten zugedeckt köcheln lassen. Ohne Deckel noch weitere 10 Minuten einkochen lassen und mit Salz und Pfeffer abschmecken.
Die Kräuter waschen, trocken tupfen und hacken, über das Gemüse geben. Mit Zitronenschnitzen servieren.

Vegetarisch

Japanische Nudelsuppe mit Gemüse

Zutaten

150 g Möhren
1 Stange Lauch
150 g Shiitake-Pilze
150 g Rettich
400 g Udon-Nudeln
400 ml Gemüsefond
1 EL Zucker
Salz, eventuell
8 EL Sojasauce
3 EL Mirin
(japanischer Reiswein)

Die Möhren waschen, schälen und in feine Stifte schneiden. In kochendem Wasser ca. 5 Minuten garen, dann aus dem Wasser nehmen und beiseite stellen. Den Lauch putzen, halbieren, gründlich waschen und quer in feine Streifen schneiden. Von den Shiitake-Pilzen mit Küchenpapier eventuell vorhandenen Schmutz abreiben, die Hüte von den Stielen trennen und in Streifen schneiden. Rettich schälen, erst in feine Scheiben, dann in Stifte schneiden.

Die Udon-Nudeln in sprudelndem Wasser nicht zu weich kochen, das dauert 8 – 10 Minuten. Danach abgießen, kurz kalt abspülen und warm halten.

Den Gemüsefond mit 500 ml Wasser aufkochen, mit Zucker, Sojasauce und Mirin abschmecken, eventuell etwas nachsalzen. Die Lauchstreifen 2 Minuten in der Brühe kochen, Pilze und Rettich dazugeben und alles weitere 2 Minuten garen. Zum Schluss die Möhrenstifte in die Brühe geben und erwärmen.

Die Udon-Nudeln in Suppenschalen verteilen und mit der heißen Brühe auffüllen.

Tipp: Die Shiitake-Pilzen lassen sich durch braune Champignons ersetzen. Die dicken japanischen Nudeln aus Weizenmehl werden in Asien-Läden angeboten.

Die Runzelkartoffeln gehören auf den Kanaren fast überall dazu

Papas arrugadas mit Mojo

Zutaten
2 kg kleine Kartoffeln
1/2 unbehandelte Zitrone
5 EL Meersalz

Mojo rojo (rot)
5 Knoblauchzehen
2 rote Chilischoten
2 TL Paprikapulver, edelsüß
1/4 TL gemahlener Kreuzkümmel
Meersalz
100 ml extra natives Olivenöl
30 – 40 ml Weinessig

Mojo verde (grün)
3 – 4 Knoblauchzehen
1 Bund Koriander
1 grüne Paprikaschote
1/4 TL gemahlener Kreuzkümmel
Meersalz
100 ml extra natives Olivenöl
30 – 40 ml Weißweinessig

Kartoffeln gut waschen und mit Zitrone in einen mit Wasser gefüllten Topf legen. 15 Minuten stehen lassen. Die Hälfte des Wassers abgießen und mit frischem auffüllen. Meersalz dazugeben, alles umrühren und die Kartoffeln darin weich kochen. Das dauert 25 – 30 Minuten.

In der Zwischenzeit die Mojos zubereiten. Alles Weißbrot in Wasser einweichen. Für die rote Sauce Knoblauch pellen und hacken, aus den Chilischoten die Samen entfernen und in kleine Stücke schneiden. Beides mit den Gewürzen und einem knappen Teelöffel Salz in einen hohen Rührbecher geben. Alles mit dem Mixer pürieren, eventuell etwas Wasser zugeben. Dabei nach und nach erst den Essig und dann das Öl unterrühren.

Danach Knoblauch für die grüne Sauce pellen und hacken, Korianderblättchen von den Stielen zupfen, Paprika entkernen und in kleine Stücke schneiden. Alles in einen hohen Rührbecher geben und mit dem Mixer pürieren. Erst den Essig und dann nach und nach das Olivenöl zugeben. Wer die Mojos cremiger mag, mischt je eine Scheibe in Wasser eingeweichtes, ausgedrücktes Weißbrot unter.

Von den gegarten Kartoffeln das Kochwasser abgießen, den Topf mit den Kartoffeln zurück auf den Herd stellen. Bei schwacher Hitze die Kartoffeln trocknen und ab und zu rütteln, damit sich ihre Haut runzelt. Die Kartoffeln in der Schale mit den beiden Mojos servieren.

Tipp: Besonders gut schmecken die Runzelkartoffeln zu gegrilltem Fisch.

Vegetarisch

Orangen-Zwiebel-Salat aus Sizilien

Zutaten

4 große, süße Orangen
1 rote Zwiebel
1 kleiner Bund Petersilie
12 grüne Oliven mit Stein
Salz
Schwarzer Pfeffer, frisch gemahlen
3 EL Olivenöl

Die Orangen mit einem scharfen Küchenmesser so schälen, dass sie ohne weiße Haut sind. Dann die Orangen quer in Scheiben schneiden und auf eine Platte legen.

Die Zwiebel pellen, in feine Scheiben schneiden und als Ringe über die Orangen verteilen. Petersilie waschen und abtrocknen lassen. Anschließend die Blättchen von den Stielen zupfen und fein hacken. Petersilie und Oliven ebenfalls über die Orangen streuen. Mit Salz und Pfeffer würzen, eventuell vorsichtig mischen und erst zum Schluss mit dem Olivenöl beträufeln.

Dieser Salat ist auch in der Türkei, dem Libanon, Syrien und in Israel beliebt. Dort wird er mit schwarzen Oliven und Kräutern wie Minze, Thymian oder Oregano zubereitet.

»Uskumru Dolmasi« heißen die mit Zwiebeln gefüllten Fische

Makrelen auf türkische Art

Zutaten

300 g Zwiebeln
2 Knoblauchzehen
3 EL Olivenöl
40 g Pinienkerne
25 g Rosinen
1/2 TL Zimt
1/2 TL Nelkenpulver
1/2 TL schwarzer Pfeffer, frisch gemahlen
Salz
2 EL Petersilie, gehackt
2 EL Dill, gehackt
4 frische, ausgenommene Makrelen à 200 – 300 g
Alufolie

Tipp

Gefüllte Makrele isst man in der Türkei auch vom Grill oder aus der Pfanne, dann aber ohne Folie.

Zwiebeln und Knoblauchzehen pellen. Zwiebeln in dünne Ringe schneiden, Knoblauch fein hacken, beides in 2 EL Olivenöl goldgelb dünsten. Pinienkerne, Rosinen und die Gewürze zufügen, salzen. Gehackte Petersilie und Dill untermischen, abkühlen lassen.

Backofen auf 200 °C vorheizen. Die Makrelen unter fließendem Wasser abspülen und trocken tupfen. Innen salzen, pfeffern und mit der Zwiebelmischung füllen. 4 große Stücke Alufolie vorbereiten (jeweils 25 cm länger als die Makrelen) und mit dem restlichen Öl einfetten, je eine Makrele darin einwickeln und gut verschließen. Im heißen Backofen je nach Größe 20 – 30 Minuten backen und mit Fladenbrot und einem frischen Salat servieren.

Russischer Borschtsch

Zutaten für 6 Personen

750 g Rinderhesse oder anderes Rindfleisch zum Kochen
1 Bund Suppengrün
3 Zwiebeln
Salz
6 schwarze Pfefferkörner
1 Lorbeerblatt
500 g rote Bete
2 EL Schweineschmalz
2 EL Rotweinessig
1 Prise Zucker
500 g Weißkohl
1 große Möhre
1 TL Kümmel gemahlen
1 Msp. Nelkenpulver
Pfeffer, frisch gemahlen
250 ml saure Sahne
1 Bund Dill

Das Suppenfleisch mit dem geputzten und klein geschnittenen Suppengrün, 2 gepellten und geviertelten Zwiebeln, 2 TL Salz, Pfefferkörnern und Lorbeerblatt in 1,5 l Wasser langsam zum Sieden bringen und eine kräftige Fleischbrühe kochen. Das dauert etwa 70 Minuten, dabei den Schaum, der sich bildet, abschöpfen. Anschließend die Brühe durch ein Sieb gießen und das Fleisch darin erkalten lassen. Erstarrtes Fett aus der Brühe heben.

Rote Bete schälen und in Stifte schneiden. Die letzte Zwiebel pellen und würfeln. Schmalz in einem Topf erhitzen und die Zwiebelwürfel darin glasig dünsten. Rote Bete zugeben und mit Essig, Salz und Zucker würzen. 200 ml Fleischbrühe zugießen und die rote Bete 40 Minuten zugedeckt kochen lassen.

Weißkohl putzen und in feine Streifen schneiden. Die Möhre schälen und in dicke Scheiben schneiden. Beide Gemüse mit den Gewürzen in die Suppe geben und weitere 20 Minuten köcheln lassen. Das Suppenfleisch in Würfel schneiden und ebenfalls zu Suppe geben. Vor dem Servieren noch einmal mit Salz und Pfeffer abschmecken. Den Borschtsch mit einem guten Klacks saure Sahne und gezupften Dillspitzen anrichten.

Tipp: Statt mit Weißkohl lässt sich der Borschtsch auch mit Sauerkraut zubereiten.

Typisches Gericht zu Halloween auf der grünen Insel

Irisches Colcannon

Zutaten
500 g mehligkochende Kartoffeln
Salz
125 ml Milch
500 g Wirsingkohl
1 Stange Lauch
50 g Butter
150 g gewürfelter Schinkenspeck
Pfeffer, frisch gemahlen
Muskatnuss, frisch gemahlen

Die Kartoffeln schälen, waschen und grob würfeln. In Salzwasser etwa 15 Minuten garen. Danach das Kochwasser abgießen. In der Zwischenzeit vom Kohl die äußeren welken Blätter entfernen. Waschen, den Kohl vierteln und in nicht zu feine Streifen schneiden. In einen Topf mit etwas Wasser geben und den Kohl 10 Minuten dünsten. Den Lauch putzen, halbieren, waschen und in etwa 1/2 cm breite Ringe schneiden.

Den vorgekochten Kohl in einem Sieb abtropfen lassen. In einer Pfanne die Butter erhitzen und den Kohl darin leicht anbraten. Die Lauchringe ebenfalls dazugeben. In einer zweiten Pfanne den Schinkenspeck bei mittlerer Hitze kross ausbraten.

Milch in einem kleinen Topf erhitzen. Zu den Kartoffeln geben und zu Kartoffelpüree zerstampfen. Den angebratenen Kohl ebenfalls dazugeben, mit dem Püree vermengen. Alles mit Salz, Pfeffer und Muskatnuss abschmecken.

Auf Tellern anrichten und darüber die gebratenen Schinkenwürfeln geben. Dazu passt ein gekühltes Guinness Bier!

Tipps: Vegetarier bereiten das Gericht einfach ohne Schinkenspeck zu. Auch Weißkohl und Spitzkohl eignen sich für Colcannon.

Österreich-Klassiker mit Meerrettich

Tafelspitz mit Apfelkren

Zutaten für den Tafelspitz

2 Zwiebeln
1 Petersilienwurzel
2 Möhren
$^1/_4$ Sellerieknolle
1 kg Tafelspitzfleisch im Stück
1 Knoblauchzehe
1 TL schwarze Pfefferkörner
2 Lorbeerblätter
1 EL Salz

Die ungeschälten Zwiebeln halbieren, Petersilienwurzel, Möhren und Sellerie waschen, putzen und in grobe Stücke schneiden. Gemüse zusammen mit der ungeschälten Knoblauchzehe, Pfefferkörnern und Lorbeerblättern in einen großen Topf geben. Etwa 1,5 l Wasser zugießen, salzen und aufkochen lassen, das Fleisch vorsichtig hineinlegen. Das Fleisch 2,5 bis 3 Stunden bei milder Hitze ohne Deckel köcheln lassen, aufsteigenden Schaum immer wieder abschöpfen. Das Fleisch ist gar, wenn es sich mit einer Gabel leicht einstechen lässt. Aus der Brühe nehmen, gut abtropfen lassen und bis zum Servieren warm stellen.

Zutaten für den Apfelkren

2 Äpfel, säuerlich
2 EL Zitronensaft
2 TL Zucker
1 Stück frischer Meerrettich, 2 cm
Salz

Für den Apfelkren die Äpfel vierteln, entkernen, schälen und fein würfeln. Mit Zitronensaft und Zucker in einem kleinen Topf bei geringer Hitze weich kochen und dann pürieren. Meerrettich putzen, waschen, schälen und fein reiben. Unter das Apfelpüree mischen und mit Salz abschmecken.

Das Fleisch quer zur Faser in dünne Scheiben schneiden, mit etwas Brühe beschöpfen und mit dem Apfelkren servieren. Dazu schmecken Bratkartoffeln oder Rösti.

Sommerlicher Klassiker aus Frankreich

Vichyssoise

Zutaten

300 g Kartoffeln
4 Lauchstangen
1 Zwiebel
2 EL Butter
1 l Hühnerbrühe
200 ml Sahne
Salz
Pfeffer, frisch gemahlen
1 Bund Schnittlauch

Die Kartoffeln schälen, waschen und würfeln. Den weißen Teil von den Lauchstangen abschneiden, putzen und in Ringe schneiden. Das Grüne anderweitig verwenden. Butter in einem Topf erhitzen, Kartoffelwürfel und Lauchringe darin andünsten. Die Hühnerbrühe zugießen, salzen und alles zugedeckt etwa 25 Minuten köcheln lassen. Die Kartoffeln sollen so weich sein, dass sie zerfallen.

Die Suppe pürieren und durch ein feines Sieb streichen. Sahne unterrühren und mit Salz und Pfeffer abschmecken, und kalt stellen. Die Suppe eiskalt mit Schnittlauchröllchen bestreut servieren.

Lombardische Spezialität

Pizzoccheri della Valtellina

Zutaten

200 g Kartoffeln
200 g Wirsing
Salz
400 g Pizzoccheri
(Bandnudeln aus Buchweizen)
200 g gut schmelzender Käse
30 g Butter
10 Salbeiblättchen
Pfeffer, frisch gemahlen

Die Kartoffeln schälen und in kräftige Scheiben schneiden. Den Wirsing putzen, waschen und in Streifen schneiden. Beides in Salzwasser etwa 15 Minuten gar kochen, danach das Wasser abgießen. Die Nudeln ebenfalls in Salzwasser nach Packungsanweisung bissfest kochen.

Den Käse in dünne Scheiben schneiden. In einer Pfanne die Butter erhitzen und die Salbeiblättchen darin braten. Die Nudeln in ein Sieb schütten, abtropfen lassen und in eine große Schüssel füllen. Mit den Kartoffeln, dem Wirsing, den Salbeiblättchen und dem Käse gut mischen, mit Salz und Pfeffer würzen und servieren

Tipp: Statt Buchweizennudeln lassen sich auch andere Vollkornbandnudeln verwenden.

Aus Kanada!

Schnelles Topinambur-Kräuter-Brot

Zutaten

2 Topinamburknollen
1 Möhre
1 Bund Kräuter, z.B. Basilikum, Koriander, Thymian, Dill
500 g Mehl. 1/2 TL Salz
1 Päckchen Backpulver
125 ml Milch, 125 ml Wasser
2 TL Ahornsirup
etwas Fett für die Backform

Tipp

Darauf schmeckt gesalzene Butter oder eine Schafskäsecreme.

Den Ofen auf 180 °C vorheizen. Das Gemüse putzen, schälen und grob reiben. Das geht noch besser mit einer Küchenmaschine. Die Kräuter waschen, trocken tupfen, Blätter von den Stielen zupfen und hacken. Mehl, Backpulver und Salz in einer Schüssel mischen, Gemüse, Kräuter, Milch, Wasser und Ahornsirup unterrühren und einen geschmeidigen Teig herstellen. Wenn er zu fest ist, eventuell noch etwas Wasser zufügen. Den Teig in eine gefettete kleine Brotbackform oder Kastenform geben und im heißen Backofen 50– 60 Minuten backen. Mit einem Zahnstocher prüfen, ob das Brot durchgebacken ist, es darf kein Teig daran haften. Zum Abkühlen das Brot aus der Form nehmen und auf einen Gitterrost legen.

Vegetarisch

Rettichsalat auf japanische Art

Zutaten

1 Zitrone
125 g Crème fraîche
1 TL Dijonsenf
Salz, Pfeffer, frisch gemahlen
1 Prise Zucker, Sojasauce
1 Rettich mittelgroß
2 Päckchen Kresse
1 reife Mango

Die Zitrone auspressen und den Saft mit Crème fraîche und Dijonsenf verrühren, mit den Gewürzen abschmecken.

Den Rettich schälen, dann mit einem Kartoffelschäler längs in etwa 1 cm breite Streifen schneiden und in eine Schüssel geben Die Kresse abschneiden, etwa 2 EL Kresse beiseite stellen und zum Dekorieren übriglassen. Andere Kresse zum Rettich geben. Mango schälen, ebenfalls längs in feine Streifen schneiden und dazugeben. Alles mit dem Dressing vermischen und nochmals abschmecken. Vor dem Servieren mit der restlichen Kresse dekorieren.

Bezugsadressen

Bezugsadressen von alten Gemüsesorten und Bio-Gemüse-Abos

Geordnet nach Bundesländern und Postleitzahlen

Baden-Württemberg

Bioland Gärtnerei Laiseacker
Stuttgarter Str. 79
71735 Eberdingen
www.laiseacker.de
Tel.: 07042-782 20

Muttscheller
Planie 22
72764 Reutlingen
www.gemueseabo.de
Tel.: 07121-468 92

Gemüse im Abo vom Klosterhof
Klosterweg 1
79194 Gundelfingen
Email: gemueseabo@aol.com
Tel.: 0761-59 500 90

Bayern

Amperhof – Ökokiste
Lieferung Großraum München
Adlerweg 15
82140 Olching
Email: info@oekokiste.de
Tel.: 08142-408 79

Rollende Gemüsekiste
Saumweg 9 a
86444 Gebenhofen
Email: gemuesekiste@t-online.de
Tel: 08207-2032

Die Gemüsekiste
Beerbach 19
91183 Abenberg
Astrid Groß & Irene Kolb
Email: gross.kolb@t-online.de
Tel.: 09873-94 85 73

Lebe Gesund! Versand
Lieferung bundesweit
Max-Braun-Str. 4
97828 Altfeld
Internet: www.lebegesund.de
Tel.: 0800-122-4000

Berlin/Brandenburg

Märkische Kiste
Röblingstraße 152 – 154
12105 Berlin
Internet: www.maerkische-kiste.de
Tel.: 030-75 48 95 70

Ökodorf Brodowin
Weißensee 1
16230 Brodowin
Internet: www.brodowin.de
Tel.: 033362-70 610

Lindenhofer Ökokiste
Dorfstraße 4a
16845 Rohrlack
Internet: www.oekokiste.de
Tel.: 033928-71 380

Hessen

Ökokiste von Hofmanns Hof
Zum Lahnberg 13
35043 Marburg
Email: hofmanns-hof@t-online.de
Tel.: 06421-92 40 37

Biomobil
Rothhof
35428 Langgöns-Dornholzhausen
Internet: www.biomobil.de
Tel.: 06447-92 28 87

Querbeet
Außenliegend 13 - Pappelhof
61203 Reichelsheim-Beienheim
Email: querbeet@t-online.de
Tel.: 06035-92 00 77
Eigene Zusammenstellung der Abonnements möglich

Mecklenburg-Vorpommern

Naturkost-Lieferservice Medewege
Hauptstr.15
19055 Schwerin,
Internet: www.hof-medewege.de
Tel.: 0385-550 91 54

Eschenhof
Carlower Str.3
19217 Groß Rünz
Internet: www.eschenhof.de
Tel.: 038873-207 53

Niedersachsen

Hülle & Fülle - Der Bio-Bring-Service
Kampsheider Weg 6
27330 Asendorf
Internet: www.bio-bring-service.de
Tel.: 04253-80 11 11

Lotta Karotta
Gartestr.2A
37130 Gleichen-Rittmarshausen
Internet: www.lotta-karotta.de
Tel.: 05508-99 92 46

Grüne Kiste Naturkost ins Haus
Celler Str. 49,
38114 Braunschweig
Internet: www.gruenekiste-bs.de
Tel.: 0531-233 89 71

Nordrhein-Westfalen

Moehre.com
Itter Str. 34
40589 Düsseldorf
Internet: http://www.moehre.com/
Tel.: 0211-75 16 98
Fax: 0211-795 16 25

Flotte Karotte
Breloher Steig 5
45279 Essen
Internet: www.flotte-karotte.de/
Tel.: 0201-54 04 30

Bezugsadressen

Ökullus Gemüseabo Münster
Am Handorfer Bahnhof 2
48157 Münster
Email: gemueseabo.ms@oekullus.de
Tel.: 0251-321 110 49

Hubertus Holtschulte, Gemüsebau
mit Hofladen und Abokiste
Osterfeld Nr. 4
59514 Welver-Illingen
Tel.: 02384-28 55 oder 96 03 76

Rheinland-Pfalz

Novum – Das Gemüseabo
Am Hundacker 11
55257 Budenheim
Internet: www.novum-gemueseabo.de
Tel.: 06139-292 90

Das Gemüseabo
Horbacherstr. 38
63826 Geiselbach
Tel.: 06024-802 40

Saarland

Martinshof
In der Brombach 6
66606 St. Wendel-Osterbruecken
Internet : www.martinshof.de/
Tel.: 06856-900 60

Naturkosthandel Paul
Hauptstr.118
66809 Nalbach Piesbach
Internet : www.pauls-frischekiste.de
Tel.: 06838-60 98

Sachsen

Biohof Böhme
Dorfstraße 44
01762 Obercarsdorf
Internet: www.biohof-markt.de
Tel.: 03504-61 14 48

Bio-Rittergut
Dorfstraße 23
04509 Zschortau, OT Kreume
Internet: www.bio-rittergut.de
Tel.: 034 294-731 10

Sachsen-Anhalt

Naturkostlieferdienst
Mittelstr.4,
06198 Rumpin (bei Halle)
Email: masuchenke_a.g@web.de
Tel.: 034607-21966,

Schleswig-Holstein

Bioland Hof Harwege
Ahndorf 6
21368 Dahlenburg
Internet: www.bioland-hof-harwege.de
Tel.: 05851-18 62

Naturkost Abo Service
Hauptstr. 60/62
22967 Tremsbüttel
Internet : www.naturkost-service.de
Tel.: 04532-26 26 64

Hof Schümann
Kreuzweg 1
25364 Brande-Hörnerkirchen
Internet: www.schuemannhof.de
Tel.: 04127-18 98

Literaturangaben/ Quellenangaben

Rainer Horbelt, Sonja Spindler:
Die deutsche Küche des 20. Jahrhunderts
2000, Eichborn Verlag, Frankfurt a.M.

Karin Iden, Stiftung Warentest:
Kochbuch durchs Jahr
1998, Stiftung Warentest, Berlin

Ruth Keenan:
Festliche Menüs aus 2000 Jahren
Esskultur und Tafelfreuden vom alten
Rom bis heute
2001, Christian Verlag, München

Dr. Helmut Oberritter
Vitamin- und Mineralstofftabelle
1997, Falken Verlag, Niedernhausen/Ts.

Gert v. Paczensky, Anna Dünnebier:
Leere Töpfe, volle Töpfe
Die Kulturgeschichte des Essens und
Trinkens
1994, Albrecht Knaus Verlag, München

Internetadressen

www.culinaria-antiqua.de
www.kuechentipps.de
www.mittelalterlich-kochen.de

Renates Bio Kiste
B5 Nr.76
25856 Hattstedtermarsch
Internet : www.biokiste-nf.de
Tel.: 04846-60 19 33
Fax: 04846-601934

Weitere Anbieter finden Sie unter
www.naturkost.de

Register

Rezepte alphabetisch

Rezepte nach Gruppen

Vorspeisen und Snacks

Suppen & Eintöpfe

Salate und Beilagen

Hauptgerichte

Aus aller Welt

105